はじめての人のための

アクティブ・ラーニングへの近道

三崎 隆 著

大学教育出版

は　じ　め　に

　みなさんは、ピノキオの物語をご存じでしょうか。

　ピノキオはマリオネットとして作られた木の人形です。木の人形ですから、当然、自分では動くことができません。しかし、子どもが欲しいと願い事をされた願い星の妖精がピノキオに生命を与えます。生命を与えられたピノキオが、自分で考え、自分で判断し、自分で行動し始めるというストーリーが、そこから始まります。

　今、必要な力を子どもたちに育むために、子どもたちが主体的・協働的に学ぶ学習として、アクティブ・ラーニングが求められています。このアクティブ・ラーニングでは、これまで教師の指示で動くことの多かった学修者に対して、これからは自主的に協働的に学修することを求めているという点で、ピノキオの物語に似ていると思いませんか。

　これまで、学校の授業の多くは、教師の考えた指示や指導によって教師が授業を行ってきました。従来の授業というのは、教師が目標を決め、教師が教材を決め、教師が学習過程を決め、教師が学ぶ順番を決め、教師が指導方法を決め、教師が班やグループを決め、教師がリーダーや司会者を決め、教師が豆先生やミニ・ティーチャーを決め、教師が話し合いや学び合いの方法を決めて子どもたちに伝え、教師が予想や探究や考察の時間を細かく決め、教師が主導してまとめをするものでした。子どもたちは教師の指示に従って動きます。

　まるで、ピノキオで言うところの木の人形のピノキオのようです。これでは、教師がアクティブ・ラーニングをしているだけだと言われても仕方なく、子どもたちはパッシブ（受動的）・ラーニングでしかないと言えます。

　しかし、これからは、子どもたちが自分で考え、自分で判断し、自分で行動を起こす自主的・協働的な授業が求められます。子どもたち自身が、自分で考えて行動しながら学ぶ授業に変わるのです。子どもたち自身がアクティブ・ラーニングをする授業です。まるで、ピノキオで言うところの、まさに生命を

与えられたピノキオのストーリーの始まりのようです。

　私たちは、はじめてのことに取り組むのですから、疑問や不安は尽きません。

　いったい、アクティブ・ラーニングというのはどのような授業なのでしょうか。なぜ、今、アクティブ・ラーニングなのでしょうか。

　どのようにして授業をすれば、誰もが納得するアクティブ・ラーニングになるのでしょうか。

　でも、安心してください。本書は、あなたのそのような疑問や不安にすべて答えます。

　この本を読み終わっているころには、もうあなたはアクティブ・ラーニングで迷うことはありません。明日の授業から、アクティブ・ラーニングの実践の第一歩をすぐに踏み出すことができることは、間違いありません。

　本書が、アクティブ・ラーニングをゼロから学びたいと思っているはじめての人たちの近道への羅針盤になるならば、これほど嬉しいことはありません。

2016 年 7 月 15 日

筆者

はじめての人のためのアクティブ・ラーニングへの近道

目　次

はじめに ……………………………………………………………… 1

第1章 アクティブ・ラーニングって何? ……………………………… 7

1. アクティブ・ラーニングっていったいどんな勉強なの? 8
2. アクティブ・ラーニングの定義は何? 10
3. アクティブ・ラーニングは学習? それとも学修? 12
4. アクティブ・ラーニングの3つの重要なポイントって何? 14
5. アクティブ・ラーニングで育てる力って何? 16
6. アクティブ・ラーニングのポイントは倫理的、社会的能力とその汎用的能力を育てること? 18

第2章 なぜ、今、アクティブ・ラーニングなのか? ……………… 21

1. 学習指導要領が変わるから? 22
2. 大学入試が公平な試験から公正な試験に変わるから? 24
3. アクティブ・ラーニングで育つ力で合否が決まるから? 26
4. 大学が変わったから? 大学って変わったの? どこが変わったの? 30
5. 大学ではアクティブ・ラーニングで学生を育てるから? 34
6. 大学入試と大学が変わるだけで、なぜ小学校でもアクティブ・ラーニングをしなければならないの? 36
7. 日本の社会がアクティブ・ラーニングによって育成された能力を持った人材を求めているから? 38

第3章 見かけのアクティブ・ラーニングと真のアクティブ・ラーニングの違いって何? ……………………………………………… 43

1. 今、求められているのはアクティブ・ラーニングをすることではありません? 44
2. アクティブ・ラーニングは教科の授業で「今日は人として正しい姿か?」を問う授業 46
3. それって、アクティブ・ラーニング? 48

目　次　5

4. 見かけのアクティブ・ラーニングに陥る落とし穴は？　*50*

5. 今日の授業で何をさせたいのかを教師が決めていなかったらどうなるの？　*52*

6. 今日の授業で何をさせたいのかを教師が決めていても子どもたちが知らなかったらどうなるの？　*54*

7. 今日の授業で何をしたら良いかを子どもたちが知っていても、自分のことしか考えていなかったらどうなるの？　*56*

8. 真のアクティブ・ラーニングにするにはどうすればいいの？　*58*

9. 教科の授業で育てる倫理的能力の汎用的能力と、その育て方って何？

60

10. 教科の授業で育てる社会的能力の汎用的能力と、その育て方って何？

62

第4章　真のアクティブ・ラーニングへの近道は？ ………………………… *65*

1. 私たちが能動的になるときってどんなとき？　*66*

2. 真のアクティブ・ラーニングへ近道する時に必要なこと（欠いてはならないこと）は何？　*68*

3. 真のアクティブ・ラーニングへ近道する時に必要なこと（欠いてはならないこと）が30年後を担う子どもたちの能力を育てる？　*74*

4. 真のアクティブ・ラーニングへ近道するためには何が大切なの？　*76*

5. 真のアクティブ・ラーニングへ近道する授業はどんな授業なの？　*82*

6. 真のアクティブ・ラーニングへ近道すると、実際の授業はどんなふうになるの？　*84*

7. 真のアクティブ・ラーニングへ近道するために、教師はどんな語りをするの？　*86*

8. 真のアクティブ・ラーニングへ近道すると授業が変わるの？子どもたちが変わるの？　*92*

9. 真のアクティブ・ラーニングを受けた子どもたちはどう思っているの？

98

真のアクティブ・ラーニングへの誘いのための図書館 ……………… *100*

あとがき……………………………………………………………… *102*

第1章

アクティブ・ラーニングって何？

1. アクティブ・ラーニングっていったいどんな勉強なの？

● アクティブ・ラーニングは能動的な学び？

　今、日本国中で、アクティブ・ラーニングという言葉が駆け巡っています。あなたも一度は聞いたことがあるのではないでしょうか。

　それは、平成26年11月20日に、当時の下村博文文部科学大臣が中央教育審議会に諮問した「初等中等教育における教育課程の基準等の在り方について」[1] の中に、次のように出てくるからです。

　　　　必要な力を子供たちに育むためには、「何を教えるか」という知識の質や量の改善はもちろんのこと、「どのように学ぶか」という、学びの質や深まりを重視することが必要であり、課題の発見と解決に向けて主体的・協働的に学ぶ学習（いわゆる「アクティブ・ラーニング」）や、そのための指導の方法等を充実させていく必要があります。

　諮問が出たこのときや、諮問が出たことをアンテナの高い人から教えてもらって、はじめて聞いた人も多いことでしょう。

　諮問のこの部分を読む限り、主体的・協働的に学ぶ学習をいわゆるアクティブ・ラーニングと言っているのですから、アクティブ・ラーニングというのは、主体的・協働的に学ぶ学習なんだろうと推測することができます。主体的という表現はよく使われますが、協働的という表現は、協同的（2人以上の人や2つ以上の団体が役割を分担しながら仕事をすること）でも共同的（2人以上の人や2つ以上の団体がいっしょに仕事をすること）でもないところを、おやっと思いませんか。それなら、協働的というのはいったいどのようなものなのでしょうか。

　また、アクティブ（active）という英語は「能動的な」という日本語が当てはめられますから、アクティブ・ラーニングというのは能動的な学びのこととも言えます。

　一方、研究者によっては、ラーニング（learning）というのはティーチング

（teaching）に対する言葉なので、スタディ（study）の方がふさわしいという人もいます。また、学ぶ人にとっては、学びというのはそもそもアクティブなのだから、あえてアクティブなどという必要はないのではないかという人もいます。

さらに、私たちが新しい情報を習得しようとするときにあるいは何か新しいことを学ぶときに、ただ黙って話を聞いているよりも、話し合ったり体験したり、あるいは人に教えたりしたときの方がより良く情報を習得することができると言われています[2]。

ただ黙って講義を聴いているだけでは、パッシブ（受動的）な学びに終わってしまい、それよりも誰かに教えてあげたときの方がずっと学びの定着がよいと言われているのです。後者の時の方がアクティブ（能動的）だというのです。つまり、話し合ったり体験したりあるいは誰からに教えてあげるような活動をする授業がアクティブ・ラーニングに相応しいということになります。

このように、一口にアクティブ・ラーニングとはいっても、人によってとらえ方がいろいろあります。

それでは、なぜ、このようないろいろな解釈ができるのでしょうか。

それは、アクティブ・ラーニングという言葉が、先の文部科学省の諮問によって、はじめて用いられた新しい造語だからです。それだけに、私たちが学校でアクティブ・ラーニングという新しい教育を実践していく上では、文部科学省の提唱した造語としての定義がいったいどのようなものなのかを知ることが大切になってきます。

注

1) 文部科学省：初等中等教育における教育課程の基準等の在り方について（諮問）、http://www.mext.go.jp/b_menu/shingi/chukyo/chukyo0/toushin/1353440.htm（2015.4.1）。

2) 手島雄太：記憶を定着させるには？ ― 教え合う環境作り ―、教職課程609、110-111、2015。

10

2. アクティブ・ラーニングの定義は何？

● アクティブ・ラーニングを定義すると

　アクティブ・ラーニングという言葉を、先にご紹介した文部科学大臣による諮問によってはじめて耳にした人も多いことでしょう。

　しかし、このアクティブ・ラーニングという造語がはじめて示されたのはもう少し前の、平成24年のことです。その年の8月28日に中央教育審議会が「新たな未来を築くための大学教育の質的転換に向けて ― 生涯学び続け、主体的に考える力を育成する大学へ ― （答申）」[3] を答申しています。その中で、生涯にわたって主体的に学び続ける人材を育てるには、従来の知識伝達・注入型の授業から主体的、能動的に学修するアクティブ・ラーニングへの転換が必要であると言及されているのです。

　少し長いですが、該当部分を引用してみます。

　　　生涯にわたって学び続ける力、主体的に考える力を持った人材は、学生からみて受動的な教育の場では育成することができない。従来のような知識の伝達・注入を中心とした授業から、教員と学生が意思疎通を図りつつ、一緒になって切磋琢磨し、相互に刺激を与えながら知的に成長する場を創り、学生が主体的に問題を発見し解を見いだしていく能動的学修（アクティブ・ラーニング）への転換が必要である。

　初めて登場したアクティブ・ラーニングという言葉を解説するために、合わせて用語集[4] が添えられています。その中で、アクティブ・ラーニングは次のように定義されています。本書では、この後、とても大切な定義として何回か使用しますので、全文をそのまま紹介します。

　　　教員による一方向的な講義形式の教育とは異なり、学修者の能動的な学修への参加を取り入れた教授・学習法の総称。
　　　学修者が能動的に学修することによって、認知的、倫理的、社会的能力、教養、知識、経験を含めた汎用的能力の育成を図る。

第1章　アクティブ・ラーニングって何？　*11*

　　発見学習、問題解決学習、体験学習、調査学習等が含まれるが、教室内での
　　グループ・ディスカッション、ディベート、グループ・ワーク等も有効なアク
　　ティブ・ラーニングの方法である。

　この定義によると、アクティブ・ラーニングというのは、まず第1に、教
員による一方向的な講義形式の教育ではなく、学修者の能動的な学修への参加
を取り入れた教授・学習法の総称であることが分かります。

　第2に、それ（学修者の能動的な学修）によって、認知的、倫理的、社会的
能力、教養、知識、経験を含めた汎用的能力の育成を図ることが分かります。
そして、第3に、アクティブ・ラーニングの例示として、たとえば、発見学
習、問題解決学習、体験学習、調査学習等が含まれますが、教室内でのグルー
プ・ディスカッション、ディベート、グループ・ワーク等も有効な方法である
ということが分かります。

　私たちは、これから小学校、中学校、高等学校の授業で企画し、実践するこ
とを鑑み、文部科学省の提唱した、このアクティブ・ラーニングの定義に則っ
て、その具現化に向けていちばんの近道を考えていくことにしましょう。

　なお、本書ではこの後、このアクティブ・ラーニングの定義に使われている
学修という表現に準じて表現することとします。

　それでは、なぜ、学習ではなく、学修という表現が用いられるのでしょう
か。

注
3)　中央教育審議会：新たな未来を築くための大学教育の質的転換に向けて ― 生涯学び続
　　け、主体的に考える力を育成する大学へ ―（答申）、http://www.mext.go.jp/b_menu/
　　shingi/chukyo/chukyo0/toushin/1325047.htm（2015.4.1）。
4)　用語集：http://www.mext.go.jp/component/b_menu/shingi/toushin/__icsFiles/afiel
　　dfile/2012/10/04/1325048_3.pdf（2015.4.1）。

3. アクティブ・ラーニングは学習？ それとも学修？

● アクティブ・ラーニングは学習ではなく、学修

先ほどのアクティブ・ラーニングの定義を読み直すと、学習ではなく学修という表現が一貫して使われていることに、一番最初に気付きます。

学生にこの定義を説明すると、真っ先に「なぜ、学習ではなくて学修なのですか？」という質問が出されます。

良い所に気が付きましたね。

文部科学省は、これからの小学校、中学校、高等学校の授業での子どもたちの学びは学習ではなく、学修に高めるべきであるということを明確に示していると言えます。

それでは、学修とは何でしょうか。いったい、学習とどこが違うのでしょうか。考えてみましょう。

たとえば、子どもたち誰もが楽しみにしている修学旅行は、修学旅行とは言いますが、習学旅行とは言いません。ここでは、その修学旅行を例にして考えてみましょう。

修学旅行は観光旅行ではありません。観光地に連れて行ってもらって、メニューに従って建物や遺跡等をただ見学してくるだけのものでないことは、よくお分かりのことと思います。

中学校の修学旅行を例に説明しましょう。

第2学年の3学期末か第3学年の春のころに予定する修学旅行に向けて、入学の時から保護者に対して説明会を開きます。そのために、第1学年の時から卒業までの3年間を見通したビジョンを策定して、一貫したテーマの下で計画的に実践していきます。

たとえば、平和をテーマにして広島に修学旅行に行く計画を立案するとします。そうすると、第1学年の時から学校所在地の近くの地域において、まず身近な地域から平和に関するカリキュラムを組みます。人的資源や物的資源を有効に活用しながら、平和とは何かについて学修を深めます。

第1章　アクティブ・ラーニングって何？　*13*

　第2学年に進学すると、広島で見学予定となる場所や建物についての事前学修のカリキュラムを展開します。どこを見学するのか、なぜそこを見学するのか、そこで何を見学するのか、そこでの学びが自らに何をもたらすのか等について、自ら考え、判断しながら学びます。そこでは、広島における平和とはどのようなものなのか、なぜヒロシマと表現されることがあるのかを修めます。

　修学旅行終了後には、広島での学修のリフレクションをするとともに、今度は自分の心の中にある平和とは何かについての学修を展開できるようにカリキュラムを組んで実践します。

　3年間の平和に関する学修ビジョンの中に修学旅行が位置付き、3年間の学修を終えるときには、平和とは何かということについて、自ら考え、判断し、行動してきたことを積極的にリフレクションして発信するとともに、日常生活の中でアクションを起こすことができるように、汎用的な能力が修得できています。それが、学修です。

　習の訓読みはならう、ならい、ならわしです。一方、修の訓読みはおさめる、おさまるです。つまり、学習は、学びをならうことですが、学修は学びをおさめることであると言えます。

　ならうという表現には、相手から教えてもらうという意味が含まれますが、おさめるという表現には自ら学び取るという意味が込められています。おさめることによって、学ぶ人が自らの学びをよりいっそう能動的なものにする意味合いがそこに存在すると言えるでしょう。

　それでは、小学校、中学校、高等学校における教科・領域の授業では、子どもたちが自らの学びを能動的にするためにどのような学修を取り入れたらよいのでしょうか。

14

4. アクティブ・ラーニングの3つの重要なポイントって何？

● アクティブ・ラーニングは何をやっても OK ？

　初めての人が、今回初めて登場したアクティブ・ラーニングと呼ばれる授業に取り組もうとした場合、まず何を考えるでしょうか。

　おそらく、何をやったら良いのか、どうやったら良いのか、その方法を知りたいと思うのが常であろうと思われます。そのような人たちが、アクティブ・ラーニングの定義の中で注目するのは次の部分です。

　「発見学習、問題解決学習、体験学習、調査学習等が含まれるが、教室内でのグループ・ディスカッション、ディベート、グループ・ワーク等も有効なアクティブ・ラーニングの方法である」。

　これを読む限り、いろいろなものが例としてあげられている上に、最後に「等」と書き加えられています。発見学習や問題解決学習などの一つひとつの学習論を調べていくだけでも、一つひとつに定義があり、その具現化に向けても方法があります。その上に、最後に「等」がついているのですから、ここに挙げられた4つの学習論でなくても、子どもたちの能動的な学修を促すことができれば良いのだろうと解釈できそうです。

　さらに、「教室内でのグループ・ディスカッション、ディベート、グループ・ワーク等も有効なアクティブ・ラーニングの方法である」と定義されているのですから、それぞれの方法も有効なアクティブ・ラーニングとして示されています。ここでも、子どもたちの能動的な学修を促すことができる方法であれば、OK と解釈できそうです。

　そうすると、アクティブ・ラーニングというのは何をやっても OK のように受け止められます。本当に、何でもありなのでしょうか。

　実は、アクティブ・ラーニングには、3つの重要なポイントがあります。この3つのポイントは絶対に外すことはできないのです。この3つのポイントを外してしまったら、それはアクティブ・ラーニングとは言えないからです。

　1つ目は、**学修者が能動的になること**です。先の定義に「教員による一方向

的な講義形式の教育とは異なり、学修者の能動的な学修への参加を取り入れた教授・学習法の総称」とありますから。

2つ目は、「認知的、倫理的、社会的能力、教養、知識、経験を含めた汎用的能力の育成を図る」の「倫理的、社会的能力を含めた能力の育成を図る」ことです。

3つ目は、「認知的、倫理的、社会的能力、教養、知識、経験を含めた汎用的能力の育成を図る」の「汎用的能力の育成を図る」ことです。

2つ目と3つ目のポイントは後で詳しく述べることにして、ここでは、1つ目のポイントを考えてみましょう。

学修者が能動的になるということは、教師がいくら能動的になっていても子どもたちが能動的にならなければアウトだということです。

たとえ、「発見学習、問題解決学習、体験学習、調査学習等が含まれるが、教室内でのグループ・ディスカッション、ディベート、グループ・ワーク等」をしたとしても、それが教師による能動的な企画であったとしたら、子どもたちがパッシブ（受動的）に「させられている」だけなのですから、アクティブ・ラーニングとは言えません。

教師が学習過程を決め、その中のグループ・ディスカッションやディベートあるいはグループ・ワークの指導方法の位置づけを教師が決め、教師が班やグループを決め、教師がリーダーや司会進行方法を決め、教師が時間を細かく決め、教師がまとめをする授業は、明らかに教師が能動的ですからアウトです。つまり、教師がすべて段取りをした上で、教師による既設のレールの上をひたすら走らせるような「させている」授業では、今求められているアクティブ・ラーニングとは言えないということです。したがって、教師が能動的である限り、何をやっても OK にはなりません。

このように、何をしたら良いのか、どうやったら良いのかに注目していると、アクティブ・ラーニングの本質を見失ってしまいます。

それでは、アクティブ・ラーニングの本質はどこにあるのでしょうか。

5. アクティブ・ラーニングで育てる力って何？

● アクティブ・ラーニングの本質は、どのような力を育てるのか

　アクティブ・ラーニングの本質は、いったい、どこにあるのでしょうか。

　もう一度、平成24年8月28日に中央教育審議会から出された「新たな未来を築くための大学教育の質的転換に向けて ― 生涯学び続け、主体的に考える力を育成する大学へ ―（答申）」を振り返ってみましょう。

　この答申の、はじめてアクティブ・ラーニングの言葉が使われている部分の文章を、少し長いですが改めて紹介します。

　　　生涯にわたって学び続ける力、主体的に考える力を持った人材は、学生からみて受動的な教育の場では育成することができない。従来のような知識の伝達・注入を中心とした授業から、教員と学生が意思疎通を図りつつ、一緒になって切磋琢磨し、相互に刺激を与えながら知的に成長する場を創り、学生が主体的に問題を発見し解を見いだしていく能動的学修（アクティブ・ラーニング）への転換が必要である。

　　　すなわち個々の学生の認知的、倫理的、社会的能力を引き出し、それを鍛えるディスカッションやディベートといった双方向の講義、演習、実験、実習や実技等を中心とした授業への転換によって、学生の主体的な学修を促す質の高い学士課程教育を進めることが求められる。学生は主体的な学修の体験を重ねてこそ、生涯学び続ける力を修得できるのである。

　まず、前半部分の文章から、「生涯にわたって学び続ける力、主体的に考える力を持った人材」を育てるために、アクティブ・ラーニングへの転換が求められていることが分かります。

　次に、後半部分の文章から、「生涯学び続ける力を修得」するために、「個々の学生の認知的、倫理的、社会的能力を引き出し、それを鍛えるディスカッションやディベート」に転換する趣旨が伝わってきます。

　つまり、アクティブ・ラーニングというのは、生涯にわたって学び続ける力を育てるためのものであるということが分かります。

それでは、生涯にわたって学び続ける力とはいったいどのようなものを想定しているのでしょうか。

　今度は、アクティブ・ラーニングの定義をもう一度見てみましょう。定義の2つめの文章に、アクティブ・ラーニングで育てるべき力が示されています。それが、アクティブ・ラーニングで求められる本質です。

　　　学修者が能動的に学修することによって、認知的、倫理的、社会的能力、教養、
　　知識、経験を含めた汎用的能力の育成を図る。

　つまり、アクティブ・ラーニングでは、認知的、倫理的、社会的能力、教養、知識、経験を含めた汎用的能力を育てることを目指していると言えます。

　発見学習、問題解決学習、体験学習、調査学習等が含まれ、教室内でのグループ・ディスカッション、ディベート、グループ・ワーク等も有効なアクティブ・ラーニングの方法ではありますが、それらによって、認知的、倫理的、社会的能力、教養、知識、経験を含めた汎用的能力を育てることが必要なのです。

　アクティブ・ラーニングの定義に、「発見学習、問題解決学習、体験学習、調査学習等が含まれるが、教室内でのグループ・ディスカッション、ディベート、グループ・ワーク等も有効なアクティブ・ラーニングの方法である」と書いてあるからと言って、それに飛びついてしまって、肝心要の認知的、倫理的、社会的能力、教養、知識、経験を含めた汎用的能力を育てることがおろそかになってしまっては、本末転倒です。

　今求められている生涯学び続ける力が付かないものでは、アクティブ・ラーニングとは言えないのです。

6. アクティブ・ラーニングのポイントは倫理的、社会的能力とその汎用的能力を育てること？

● アクティブ・ラーニングで求められる倫理的、社会的能力

　アクティブ・ラーニングの2つ目のポイントが「倫理的、社会的能力を含めた能力の育成を図る」ことです。

　ドラッカーをご存じの方も多いことと思います。彼は、企業というのは営利組織ではないと述べています[5]。営利は目的ではなく手段であり、目的は社会における一機関として顧客を創造する存在価値であるとしています。

　考えてみてください。営利だけを求めている企業では、一人ひとりが自分の利益を中心に考えます。結局、自分の利益と周りの人ないしは部署の利益との折り合いが付きません。発展し続ける企業では、個人の利益よりも企業の社会的存在価値が優先します。だからこそ、各個人の利益に折り合いを付ける作業ができるのです。優れた経営者は、企業の社会的存在価値と個人の利益が共有できることを納得させることができます。

　学校はどうでしょう。学校生活のほとんどは教科の授業です。その教科の授業には、教科の目標があります。認知的能力、教養、知識、経験の習得が重んじられます。そこでは、子どもたち一人ひとりに対して学力や成績という利益をもたらします。当然のことながら、一人ひとりの利益が存在することになります。それが全面に押し出されてくれば、正面から衝突してしまうことになります。だからこそ、教科の授業においても、倫理的、社会的能力の育成が求められるのです。

　そこに求められる能力は、学級やグループの中、クラスメイトとの間で生じるコンフリクト（葛藤、衝突、対立）を和らげて折り合いを付けながら、人として守るべき道を正しく歩み、クラス集団の中で共同生活を営む際にクラスメイトと関わってより良く学修し、生活していくことのできる能力です。

　今まで、教科の授業では教科の目標達成に向けて、認知的能力、教養、知識、経験を習得させることが重視されてきました。しかし、アクティブ・ラー

ニングでは倫理的、社会的能力の育成も同時に図らなければならないのです。つまり、教科の授業の目標を達成したかどうかを評価するときに、それらの能力も同時に評価することが必要だということです。それがなければ、アクティブ・ラーニングとは言えません。

教科の授業において、教科の目標を達成することと合わせて、倫理的、社会的能力を同時に育てることができたとき、アクティブ・ラーニングが成功したと初めて言えるのです。

そして、3つ目のポイントが「汎用的能力の育成を図る」ことです。

アクティブ・ラーニングで求められていることは、学修して新しい知識を獲得するだけに終わることではなく、そこで獲得した認知的能力、教養、知識、経験を次なる問題に有用的に活用することのできる能力を育成することであると言えます。それに加えて、倫理的、社会的能力の汎用的能力の育成を図ることが求められています。

単位時間における倫理的、社会的能力に関するリフレクションの結果を踏まえて、次の授業でどのような点を意識してさらに取り組むことがより良い倫理的、社会的能力の発現結果をもたらすのか、どのような点を改善することによってさらにより良い結果を導き出すことができるのかをメタ認知させ、次の授業でのより有効と考え判断できる具体的な行動を想起させ、意欲付けすることです。そのことが汎用性を高めます。

アクティブ・ラーニングの倫理的、社会的能力の汎用的能力の育成の重要なポイントは、単位時間中の自らの言動をリフレクションによってメタ認知させ、その結果をいかに次に生かすことができるかを考え判断させ、現実的な行動として具現化させることであると言えます。それができたとき初めて、アクティブ・ラーニングが成功したと言えるのです。

注
5) P.F. ドラッカー（上田淳生編訳）：マネジメント基本と原則、302p、ダイヤモンド社、2001.

第2章

なぜ、今、アクティブ・ラーニング
なのか？

1. 学習指導要領が変わるから？

● 今、アクティブ・ラーニングが求められる3つの理由

なぜ、今、アクティブ・ラーニングなのでしょうか。

それには3つの理由があります。

一つは、2020年度（平成32年度）に大学入試が変わるからです。戦後最大の教育改革と言っても過言ではありません。一つは、2015年度（平成27年度）からすでに大学が変わってきているからです。そしてもう一つは、進行する少子・人口減少社会において日本の経済界が大きく変わるからです。いや、すでに変わってきているからと言った方が現在の状況をよく言い当てているかもしれません。

● 学習指導要領が変わっても変わらないもの

「おやっ」と思いませんか。

アクティブ・ラーニングという言葉は、平成26年に出された文部科学大臣の中央教育審議会への諮問の中に出てくる表現です。

文部科学大臣が中央教育審議会に諮問するということは、まず間違いなく、次の学習指導要領において重点的に取り扱われるものであることはほぼ間違いないものです。

そうであるとすれば、なぜ、「学習指導要領が変わって、その中にアクティブ・ラーニングが出てくるから」が理由の中に入っていないのでしょうか。

それには理由があります。

学習指導要領が変わると、それに伴って全国の小学校、中学校、高等学校、特別支援学校の教育課程をはじめ、各教科・領域の目標や内容が変わります。

しかし、それに伴って大学入試の方法が変わるわけではありません。これまでも学習指導要領が一新されたとしても、大学入試の方法はほとんど変わらないまま今日に至っています。

学習指導要領が変わっても、最終的に何をどれだけ正解となるものを暗記

していることができるのか、あるいは正解を求められる問題に対していかに効率的に正確にかつ精密に、求められている正解を導き出すことができるのかによって評価されている限り、どのように学ぶのかは問題となることはほとんどありません。人種、宗教、言語、国籍、文化、性別、障碍の有無、年齢、地域性、家庭環境等の多様な背景に基づく多様な能力が反映されることもあり得ません。

　学習指導要領が変わると、アクティブ・ラーニングのポイントである「倫理的、社会的能力の汎用的能力の育成」が果たせるのでしょうか。私にはそうは思えません。以前、学習指導要領が変わって総合的な学習の時間が導入されたことがあります。それによって、総合的な学習の時間の素晴らしい目標「（前略）自ら課題を見付け、自ら学び、自ら考え、主体的に判断し、よりよく問題を解決する資質や能力を育成する（後略）」の資質や能力は付いたでしょうか。付いた学校はたくさんあるでしょうが、十分でない学校も数多くあります。

　したがって、学習指導要領が変わっても変わらないものがある限り、アクティブ・ラーニングと言っても、今、それほどあわてて授業改善のために何か早急に対応を考えなければならないというものではないという認識の人がほとんどではないでしょうか。アクティブ・ラーニングが、「発見学習、問題解決学習、体験学習、調査学習等が含まれるが、教室内でのグループ・ディスカッション、ディベート、グループ・ワーク等も有効なアクティブ・ラーニングの方法である」と言われる以上、それらの方法をいかに取り入れるかということのみに注力するだけで終わってしまう懸念は払拭できません。

　それでは、なぜ、今、アクティブ・ラーニングが求められているのでしょうか。その一つ目の理由が、大学入試が変わることです。

2. 大学入試が公平な試験から公正な試験に変わるから？

● 多様な能力を多様な方法で公正に評価する方法へ

2020年度（平成32年度）に大学入試が改革されます。それも、これまでとは180度異なると言えるほどの大改革です。

いったい、どのように改革されるのでしょうか。平成26年12月22日に出された中央教育審議会の「新しい時代にふさわしい高大接続の実現に向けた高等学校教育、大学教育、大学入学者選抜の一体的改革について（答申）（中教審第177号）」[6] からみていきましょう。そこには、次のように示されています。

> 既存の「大学入試」と「公平性」に関する意識を改革し、年齢、性別、国籍、文化、障害の有無、地域の違い、家庭環境等の多様な背景を持つ一人ひとりが、高等学校までに積み上げてきた多様な力を、多様な方法で「公正」に評価し選抜するという意識に立たなければならない。

これまでの公平性を打破して、公正さを追究することが求められています。この答申にはこの点について次のように示されています。

> 画一的な一斉試験で正答に関する知識の再生を一点刻みに問い、その結果の点数のみに依拠した選抜を行うことが公平であるとする、「公平性」の観念という桎梏は断ち切らなければならない。

※桎梏とは、人の行動を厳しく制限して自由を束縛するものです。

つまり、公平な試験であったものを公正な試験に変えようというものであると解釈できます。

公正と公平はどのように違うのでしょうか。

公正も公平も意味が近いですが、公正は正しいことであり、公平は偏りのないことを意味します。ですから、公正な評価とは正しく評価することであり、公平な評価とは偏りのない評価をすることです。

たとえば、理科の星座に関してどのようなことに関心を持っているのかを評価しようとした場合に、小論文で記述することを求めたとします。そして、そこに記述された内容から判断して、その人の関心度として評価することにします。このようにすると、自分のこれまでの経験等から、関心のあることに関して自由に記述することになります。そこには、その人の人種、宗教、言語、国籍、文化、性別、障碍の有無、年齢、地域性、家庭環境、学修履歴等の多様な背景に基づく多様な能力が反映されますので、その人がどのようなことに関心を寄せているのかについて、その人の能力を正しく把握することが可能になります。しかし、同じ小論文でも読む人によって評価が変わります。この場合は、公正ですが公平でない評価となります。

一方で、小論文を書くときに何回窓を見たかによって評価したとします。これは、誰が見ても結果に偏りが出ることはありません。つまり、結果が揺らぐことはないのです。しかし、その文脈では、その人の多様な背景に基づく多様な能力を把握することはできませんし、窓を見ることと関心度との関係には疑問が残ります。この場合は公平ですが公正でない評価となります。

これから求められる大学入試では公正さが求められます。それは、これまで自分が積み上げてきた多様な能力をいかにより良く表現することができるによるところが大きいと言えます。その能力は、アクティブ・ラーニングで培われることになるのです。

注

6) 文部科学省：新しい時代にふさわしい高大接続の実現に向けた高等学校教育、大学教育、大学入学者選抜の一体的改革について（答申）（中教審第 177 号）、http://www.mext.go.jp/b_menu/shingi/chukyo/chukyo0/toushin/__icsFiles/afieldfile/2015/01/14/1354191.pdf（2015.4.1）。

3. アクティブ・ラーニングで育つ力で合否が決まるから?

● 学力の三要素をバランス良く修得することが必要

　2020年度（平成32年度）に改革される大学入試では、具体的にどのように
なるのでしょうか。

　平成26年12月22日に出された中央教育審議会の「新しい時代にふさわし
い高大接続の実現に向けた高等学校教育、大学教育、大学入学者選抜の一体的
改革について（答申）（中教審第177号）」[6]を読んでみると、アクティブ・ラー
ニングによって学んできた成果が問われることになる様子が伝わってきます。
その理由について話をする前に、今、学校教育で育てなければならない能力が
どのようなものなのかについて少し見てみることにします。

　平成19年の学校教育法の改正によって、次の3つの重要な要素（いわゆる
「学力の三要素」）から構成される「確かな学力」を育むことが重要であること
が明確に示されてきました。

　　・「基礎的な知識及び技能」（知識・技能）
　　・「これらを活用して課題を解決するために必要な思考力・判断力・表現力
　　　等の能力」（思考力・判断力・表現力）
　　・「主体的に学習に取り組む態度」（主体性・多様性・協働性）

　この「確かな学力」の育成を目指して、特に小学校と中学校では、学力の三
要素を踏まえた指導の充実が図られるように実践がなされてきています。

　平成20年及び平成21年の学習指導要領の改訂では、子どもたちの「生き
る力」の育成をよりいっそう重視する観点から見直しが行われ、「確かな学力」
をバランス良く育てることを目指してきました。

　ところが、判断の根拠や理由を示しながら自分の考えを述べることについて
課題が指摘されている、自己肯定感や学習意欲、社会参画の意識等が国際的に
見て低い、子どもの自信を育み能力を引き出すことは必ずしも十分にできてい
ない、一人ひとりが互いの異なる背景を尊重し、それぞれが多様な経験を重ね
ながら、さまざまな得意分野の能力を伸ばしていくことがこれまで以上に強く

求められている、等の課題が残されてきました。

そこで、平成26年11月20日に出された「初等中等教育における教育課程の基準等の在り方について（諮問）」[7]では、それらを解決するために、「確かな学力」を修得させる上で、課題の発見と解決に向けて主体的・協働的に学ぶ学習（いわゆる「アクティブ・ラーニング」）の充実の必要性が増していると指摘しているのです。

子どもたちに対して確かな学力を身に付けさせるためには、知識・技能、思考力・判断力・表現力、主体性・多様性・協働性の3つの要素をバランス良く修得することが必要であることが分かります。

● 個別試験では主に主体性・多様性・協働性が評価される

それでは、その知識・技能、思考力・判断力・表現力、主体性・多様性・協働性の3つの要素が修得されたかどうかを、大学入試ではどのように評価しようとしているのでしょうか。

平成26年12月22日に出された中央教育審議会の「新しい時代にふさわしい高大接続の実現に向けた高等学校教育、大学教育、大学入学者選抜の一体的改革について（答申）（中教審第177号）」[8]には、そのあたりのことが分かりやすく示されています。

まず、3つの要素のうち、基本的な知識・技能を「高等学校基礎学力テスト（仮称）」と呼ばれる大学入試センター試験に代わって新しく導入される試験で評価します。

また、大学に入学を希望する人に対しては、「大学入学希望者学力評価テスト（仮称）」と呼ばれる試験で評価します。この試験では、3つの要素のうち、難易度の高い知識・技能とそれに基づいた思考力・判断力・表現力が評価されます。

そして、各大学ごとに実施される個別試験では、主体性・多様性・協働性を中心に思考力・判断力・表現力が評価されることになります。具体的な評価方法としてあげられているのは、「『大学入学希望者学力評価テスト（仮称）』の成績に加え、小論文、面接、集団討論、プレゼンテーション、調査書、活動報

告書、大学入学希望理由書や学修計画書、資格・検定試験などの成績、各種大会等での活動や顕彰の記録、その他受検者のこれまでの努力を証明する資料などを活用すること」です。

つまり、学力の三要素である、知識・技能、思考力・判断力・表現力、主体性・多様性・協働性に関する多様な能力が多元的に評価されるような大学入試に変わろうとしていると言えます。

特に答申では、大学ごとのアドミッション・ポリシーに基づき、アクティブ・ラーニングで育てられる能力を評価する個別試験を行うことを大学に求めています。

アドミッション・ポリシーというのは、大学がどのような学生を求めているのかを示した入学者受入方針です。たとえば、教育学部で言えば、「教育者として社会の発展に寄与しようとする強い意志と教育への強い関心」といった具合です。これに合う入学者を求める個別試験をすることが必要になってきます。そこで、小論文や面接、プレゼンテーション等によって、多様な能力を多元的に評価するのです。

大学は答申に答えて入試改革を進めています。特にトップ校と呼ばれる大学ほど先進的に進めています。それには理由があるからです。

●「大学入学希望者学力評価テスト（仮称）」は段階別表示

さらに重要な点が、先の中央教育審議会の諮問では「大学入学希望者学力評価テスト（仮称)」のあり方として次のように示されています。

> 「1点刻み」の客観性にとらわれた評価から脱し、各大学の個別選抜における多様な評価方法の導入を促進する観点から、大学及び大学入学希望者に対して、段階別表示による成績提供を行う。

これは、何を意味しているのでしょうか。

1つの段階に割り振られる人の数が非常に多くなることを意味します。たとえば、定員200名の学部があったとします。その学部を受験する受験生の「大学入学希望者学力評価テスト（仮称)」の段階が全員同じだったとしたらどう

第2章　なぜ、今、アクティブ・ラーニングなのか？　*29*

なるでしょう。それだけで合否を決めることはできなくなります。

　そうなると、各大学が実施する個別試験で合否が決まることになります。その個別試験では、小論文、プレゼンテーション、集団討論、面接等によって評価されるのです。そこでは、どんな知識をどれだけ記憶しているかではなく、自分の考えをいかにより良く表現できるかがポイントとなります。アクティブ・ラーニングで育てられる能力によって大きな影響を受けます。今、アクティブ・ラーニングが求められている1つ目の理由がそこにあります。個別試験での合否決定が十分に予想され、そこではアクティブ・ラーニングで育てられる能力によって評価されることになるからです。

　大学は、ここまで紹介してきたような、主体性・多様性・協働性を公正に評価する試験を本当にやるのでしょうか。疑問に思っているみなさんもいることと思います。しかし大学にはやらなければならない理由があるのです。それが2つ目の理由です。

注

7)　文部科学省：初等中等教育における教育課程の基準等の在り方について（諮問）、http://www.mext.go.jp/b_menu/shingi/chukyo/chukyo0/toushin/1353440.htm（2015.4.1）。

8)　文部科学省：新しい時代にふさわしい高大接続の実現に向けた高等学校教育、大学教育、大学入学者選抜の一体的改革について（答申）（中教審第177号）、http://www.mext.go.jp/b_menu/shingi/chukyo/chukyo0/toushin/__icsFiles/afieldfile/2015/01/14/1354191.pdf（2015.4.1）。

30

4. 大学が変わったから？ 大学って変わったの？ どこが変わったの？

● スーパーグローバル大学が大学改革を牽引する

　大学は、国から運営交付金を交付されています。これは、毎年1％ずつ削減されています。したがって、どの大学も予算確保は死活問題となっています。特に、先進的な大学として生き残るためには、予算を獲得することは必須なことです。

　予算を確保するために、各大学は生き残りをかけて改革をしています。

　スーパーグローバル大学としての取組も、改革を進め、予算を獲得する上で有効に機能するものの一つです。

　このスーパーグローバル大学というのは、日本の高等教育の国際競争力の向上を目的に、世界レベルの教育研究を行うトップ大学や国際化を牽引するグローバル大学に対して、制度改革と組み合わせて重点支援を行うことを目的として、平成26年に文部科学省が公募したスーパーグローバル大学創成支援事業に選ばれた大学のことです。

　全国に37のスーパーグローバル大学があります。スーパーグローバル大学には、トップ型と呼ばれるものとグローバル牽引型と呼ばれるものがあります。

　世界大学ランキングトップ100を目指す力のある世界レベルの教育研究を行うトップ大学が「トップ型」です。北海道大学、東北大学、筑波大学、東京大学、東京医科歯科大学、東京工業大学、名古屋大学、京都大学、大阪大学、広島大学、九州大学、慶應義塾大学、早稲田大学の13校が選定されました。

　一方、先導的試行に挑戦し、我が国の社会のグローバル化を牽引する大学が「グローバル化牽引型」です。千葉大学、東京外語大学、東京芸術大学、長岡技術科学大学、金沢大学、豊橋技術科学大学、京都工芸繊維大学、奈良先端科学技術大学院大学、岡山大学、熊本大学、国際教養大学、国際基督教大学、芝浦工業大学、上智大学、東洋大学、法政大学、明治大学、立教大学、創価大学、国際大学、立命館大学、関西学院大学、立命館アジア太平洋大学の24校

が選定されました。

　これらのスーパーグローバル大学に選ばれる選定基準の中の教育の改革的取組には、次のような項目があります。

　・教育の質的転換と主体的学修の確保

　　アクティブ・ラーニングの導入

　・入試改革

　　TOEFL 等の外部試験の学部試験への活用

　　多面的な入学者選抜の実施

　　　　入学志願者の能力、意欲、適性や活動歴などを多面的、総合的に評価、判定する観点から、インターンシップやボランティア活動、海外留学・研修等の評価を入学者選抜に活用し、その旨を募集要項等において具体的に記載しているかどうか。

　・入試における国際バカロレアの活用

　・柔軟かつ多様なアカデミック・パス

　スーパーグローバル大学に選定された 37 の大学では、これらの事柄を率先して実行に移しています。したがって、スーパーグローバル大学にとっては、グローバル化とアクティブ・ラーニング化に先進的に取り組むことは必須であると言えます。

　これらの大学では、アクティブ・ラーニングに取り組むに当たってアクティブ・ラーニングで育った学生が必要になってきます。そこで、アドミッション・ポリシーでアクティブ・ラーニングによって育った学生像を求め、大学入試でもそのような学生を求める試験をすることになるのです。

　今、アクティブ・ラーニングが求められている 2 つ目の理由がそこにあるのです。

● 大学は答えのない問題に答える能力と学びのエビデンスを求めている

　トップ型のスーパーグローバル大学の一つである東京大学では平成 28 年度入試から、推薦入試が始まっています。

　たとえば、東京大学法学部が入学希望者に対して課す志願理由書の一部に求めている内容が、次のようなものです[9]。

　　現代社会においてあなたが重要と考える問題について、その理由を明らかにしつつ、具体的に論じてください。

　既成概念で考えれば、志願理由書と言えば、受験生がその大学のその学部を志願した理由を書くというのが一般的です。たとえば、「私が貴学の法学部への進学を希望したのは、○○のような理由からです」と言った具合です。

　それに比べると、この志願理由書に求められているものは異質です。まるで、小論文が課されているかのようで、志願理由書を書く時点ですでに入試が始まっているとも思えます。

　この答えは何だろう。

　そんなふうに思うとしたら、それはもう、その時点でアウトです。答えを求めるこれまでの学校教育の既成概念にとらわれている証に他なりません。先に紹介した平成 26 年 12 月 22 日の「新しい時代にふさわしい高大接続の実現に向けた高等学校教育、大学教育、大学入学者選抜の一体的改革について（答申）（中教審第 177 号）」では、教科・科目の枠を越えた「思考力・判断力・表現力」として、問題発見・解決力（答えのない問題に答えを見出す力、問題の構造を定義する力、問題解決の道筋を文脈に応じて定める力等を含む）を求めています。

　つまり、これからの大学入試では、問題発見・解決力として、答えのない問題に答えを見いだす能力が求められていると言えます。

　この問題は、まさに答えのない問題に対して、自らのキャリアを踏まえてどのように考え、判断し、決断を下すのかを問うているものと考えます。加えて、その学びのエビデンス（証拠）も求められています。

　これは、受験生自身に求めているものですが、大学が高等学校に求めるエビ

デンス（証拠）もあります。

　たとえば、東京大学法学部が高等学校からの推薦書に求めているものの一例を見てみると、「推薦基準の「②現実の中から本質的な問題を発見し、独創的な形で課題を設定する能力を有すること」に合致する理由について、具体的に記載してください。（中略）上記の諸点を具体的に証明するものとして提出する資料について、記載内容との関連性を明らかにしてください」となっています[10]。

　また、それ以外にも、志願者が推薦条件に合致することを具体的に照明する資料（たとえば、問題発見能力・課題設定能力を照明する論文（在学中の単著、おおむね6,000字以上を目安、賞状コピー等）、社会貢献証明資料（表彰状、新聞記事等）、異文化理解証明資料（留学証明書、推薦状等）、国際試験証明資料（国際バカロレア等）、外国語学力証明書（TOEFL、英検等））が求められています[11]。

　このように、大学はただ単に成績が良いからとか特定の教科の得点が高いからという理由ではなく、本人の明快な志望意志と学びの履歴を明確に裏付けるエビデンス（証拠）を求めているのです。特に、学びのエビデンスは一朝一夕で残すことができるものではありません。高等学校3年間で見通しを持って取り組んでいくことが必要です。

　答えのない問題に対して、自分のキャリアから自分で考え、判断し、表現できる能力と学びのエビデンス（証拠）の蓄積は、これまでの画一的な一斉授業で培われるでしょうか。私にはそうは思えません。

　ここまで紹介してきたことは、スーパーグローバル大学だけのことなのでしょうか。いいえ、そうではありません。

注
9) 10) 11)　東京大学推薦入試：http://www.u-tokyo.ac.jp/stu03/e01_26_j.html（2016.2.1）。

5. 大学ではアクティブ・ラーニングで学生を育てるから？

● 大学ではアクティブ・ラーニングで学生を育てようとしている

　それでは、スーパーグローバル大学以外の大学ではどうでしょうか。

　小学校や中学校にグランドデザインがあるように、大学には中期目標とそれに基づく中期計画と呼ばれるビジョンがあります。中期的にどのような目標を立てて計画的に改革を進めていくのかを示したビジョンです。6年サイクルで立案されますが、終了時には法人評価を受けることになります。法人評価によっては、その後の予算獲得に影響を及ぼすので、求められている大学改革の実現に向けて実行性の高い計画が練られることになります。私の勤めている信州大学にもあります。

　そこでは、中期計画に基づいて PLAN "the FIRST" と呼ばれる信州知の森づくりのプランが公開されています [12]。それによると、教務に関するメソッドとして、グローバル化とともに、学びの質保証の推進と教育の質的転換への試みの一つとして、少人数授業などでのアクティブ・ラーニングを通して人間力の醸成が図られています。そこでは、アクティブ・ラーニング（能動的学修）を促す授業方法や教育方法の取組が奨励され、そこで学ぶ学生の多様な能力が育成されています。

　どこの大学でも、大学内で先進的な教育研究の推進をよりいっそう図るために、戦略的に教育研究を奨励する試みが進められています。信州大学では、その試みの一つとして、グローバル化に向けた積極的な取組やアクティブ・ラーニングの実践に取り組む教育方法や授業改善に対して率先して支援しようとするプログラムも展開しています。学内版 GP（good practice）と呼ばれる取組です。

　信州大学は、スーパーグローバル大学ではありません。スーパーグローバル大学ではありませんが、このように積極的にグローバル化とアクティブ・ラーニング化に向けて取り組みながら、大学改革に取り組んでいます。それが、中期目標の確実な達成を生み、法人評価によるその後の予算獲得に貢献するか

らです。スーパーグローバル大学以外の大学でもその傾向がよりいっそう強くなっているのです。

　みなさんは、大学の講義というとどのような授業を思い浮かべますか。おそらく、黒板に書かれた文字なり式なりを、その意味が理解できてもできなくても90分間ノートに写し続ける授業ではないでしょうか。

　これが、アクティブ・ラーニングに変わるとどのようになるでしょうか。その単位時間で学ぶべき目標が示されて、キーワードや重要な内容の理解が求められます。受講生は4〜6人くらいの少人数の小集団に別れて議論します。そして、一定時間後に小集団ごとの議論の成果、つまり、理解できたこと、理解できなかったこと、理解に至るまでの過程や論理性について全員で共有します。

　これが、学習指導案づくりや模擬授業実践となると、受講生が自分で考え、判断して創り上げることがますます強く求められます。まず、より良い学習指導案や模擬授業実践の完成が目標とされます。続いて、受講生が自分たちのこれまでの経験を踏まえて、自分たちで学習過程、教材、児童生徒の反応等を考え、判断し、チームでリハーサルを行って創り上げます。成果発表の場では、なぜ、そのような授業を起案し、実践するに至ったのか、完成に至る前にどのような葛藤があってどのような過程を経たのか、どこが一番のセールス・ポイントなのか等々を議論した成果を受講生自身がまとめます。そこでは、その成果はもちろんですが、起案の意図やアピール・ポイント等を全員で共有することになります。ここでの受講生の学修は能動的そのものです。これが、現在の大学でのアクティブ・ラーニングの授業です。

　今、大学ではスーパーグローバル大学以外でもこのようなアクティブ・ラーニングに基づく能動的な学修への改革が加速的に進んでいます。

　大学がこのような授業に取り組むに当たっては、いったいどのような入学者を求めるでしょうか。

注

12)　信州「知の森」づくり PLAN "the FIRST"：http://www.shinshu-u.ac.jp/guidance/plan/plan-the-first/（2016.2.1）。

6. 大学入試と大学が変わるだけで、なぜ小学校でもアクティブ・ラーニングをしなければならないの？

● アクティブ・ラーニングで育った高校生を求める

大学がアクティブ・ラーニングをより効果的に機能させるためには、高等学校時代までにアクティブ・ラーニングで育ち、培われた能力を十分に発揮できる学生像を入学者受入方針に掲げることは、ごく自然の流れです。

たとえば、東京大学がアクティブ・ラーニングに取り組む学生を育てようとした場合、アクティブ・ラーニングで育ってきた高校生を求めます。その東京大学に進学者を送り出そうとする高等学校では、アクティブ・ラーニングに積極的に取り組むであろうことは、容易に想像できます。

スーパーグローバル大学で求めている高校生を育てようとしている高等学校の代表が、スーパーサイエンスハイスクール（SSH）やスーパーグローバルハイスクール（SGH）です。

私の住んでいる長野県内でも、スーパーサイエンスハイスクール（SSH）やスーパーグローバルハイスクール（SGH）に指定されていない高等学校でも、アクティブ・ラーニングに熱心に取り組んでいる高等学校が数多く存在しています。

言い方を換えると、アクティブ・ラーニングに積極的に取り組んでいない高等学校では、アクティブ・ラーニングによって育つ能力を修得できません。そのため、東京大学が求めている学生像を十分に育てることができない可能性が高いので、東京大学に進学者を送り出そうとしてもかなわないことになります。

高等学校でアクティブ・ラーニングによる授業を実践し、東京大学に進学できるような高校生を育てようとした場合、中学校までにアクティブ・ラーニングで育ち、培われた能力を十分に発揮できる中学生を求めます。東京大学に進学者を送り出そうとする高等学校に進学者を送り出そうとする中学校では、アクティブ・ラーニングに積極的に取り組みます。

第 2 章　なぜ、今、アクティブ・ラーニングなのか？　*37*

　そして、これと同じ関係が中学校と小学校の間にも成り立ちます。つまり、東京大学に進学できる高校生を育てる高等学校に進学できる中学生を育てる中学校に進学者を送り出そうとする小学校では、アクティブ・ラーニングに積極的に取り組みます。

　アクティブ・ラーニングには、スーパーグローバル大学だけではなく、それ以外の大学でも積極的に取り組んでいますので、これらの傾向は日本のどの大学においても当てはまることであると言えます。

　つまり、日本のどの大学でもアクティブ・ラーニングに取り組む学生を育てようとしていますから、アクティブ・ラーニングで育ってきた高校生を求めます。後は先にご紹介したとおりです。日本のどの小学校でも、アクティブ・ラーニングによって育つ小学生を上位の校種に送り出すことになります。

　このように、大学でアクティブ・ラーニング化へと改革が進むことによって、それは大学だけの問題ではなく、高等学校での取組、中学校での取組、そして小学校でのアクティブ・ラーニングの取組へと連動していくことになるのです。その結果、小学校でもアクティブ・ラーニングで育つ子どもたちが求められるのです。小学校の教員の立場から見てみると、アクティブ・ラーニングによって子どもたちを育てることによって、大学や高等学校等の上位の校種で求められる能力を十分に発揮できる子どもたちを育成することに直結することになると言えます。

　今まさに、小学校で積極的にアクティブ・ラーニングに取り組むことが必須である理由が、そこにあります。

　文部科学省はこれまで、学習指導要領を改訂することによって初等教育に教育改革を促してきましたが、今回はそれに加えて大学改革という学修の最終評価者に改革を促す手段を持って、内容のみならず方法の側面からも教育改革を促す手法を採用したと言えます。

7. 日本の社会がアクティブ・ラーニングによって育成された能力を持った人材を求めているから？

● 30年後を担う子どもたちに必要な能力は何か

今私たちのまわりを見てみると、一昔前まで人間がしていた仕事が機械に置き換わってきたところが数多く目に付くようになりました。人工知能の発達によって機械ができる範囲が広がったことによります。

たとえば、あなたが駅に行けば、自動券売機や自動改札口を見ることができます。乗り換えのときに清算する自動精算機も普通になりました。高速道路の出入口も自動精算機ですし、ガソリンスタンドでの料金支払いも自動になったところが非常に多くなりました。スーパーマーケットのレジも自動精算機になりました。病院での支払いも自動精算機です。驚いたことには、国際空港で手荷物を預けるときも自動で処理される空港があることです。

私たちの身の周りでは、加速度的に人がいなくなっています。最近の報道では、2020年には官民共同で人工知能が市販される目標が掲げられています。今後、私たちの社会は、人工知能によって機械のできる範囲がますます広がることでしょう。

私たちはそのような社会の中での生活を満喫できるようになりますが、その一方で、人間のできる仕事はますます減るでしょう。それに、少子・人口減少化社会が追い打ちをかけます。

総務省統計局の統計表に依れば、平成27年度で人口が1億2千6百万人ほどの日本ですが、30年後の平成57年度には1億2百万人ほどに減少することが将来人口として予想されています[13]。

今、目の前にいる子どもたちは、卒業して30年経ったころには、社会で活躍している年代になりますが、そのときにはどのような仕事に就いているのでしょうか？

現在のキャリア教育は、現在の職業が30年後もそのまま存続しているということを前提に実施されています。しかし、各種調査結果によると、今ある仕

事の半数以上は遠からずなくなると予想されています。今、インターネットで検索すると、10年後に高い確率で消えてなくなる職業の一覧表を簡単に見つけることができるほどです。

それでは、子どもたちが30年後の将来、人間のできる仕事が激減した社会の中で生活するためには、どのような能力が必要なのでしょうか？

基礎・基本に基づいたより多くの知識・技能でしょうか。

それを真剣に考えている人たちがいます。

● 経済産業界からのメッセージを読み解くと

経済産業界の人たちです[14)][15)]。

経済産業界の人たちは、以前から我々に対して、次世代に必要な能力に関するメッセージを届けてくれています。

たとえば、日本経済団体連合会（経団連）が発信したメッセージです。平成23年1月18日に「産業界の求める人材像と大学教育への期待に関するアンケート結果」を発表しています[16)]。それによると、社会人に求められる基礎的な能力（社会人基礎力）として、「主体性、コミュニケーション能力、実行力、協調性、課題解決能力等」を挙げています。

それを受けて、経団連は平成25年6月13日に「世界を舞台に活躍できる人づくりのために」という提言を発表しました[17)]。それによると、「グローバル人材のベースとなる社会人に求められる基礎的な能力（主体性、コミュニケーション能力、課題解決能力等）は、初等中等教育段階からしっかりと身に付けさせる必要がある」としています。

また、経済同友会が平成27年4月2日に「これからの企業・社会が求める人材像と大学への期待」を発表しています[18)]。それによると、大学教育に対して、「アクティブ・ラーニングの導入によるコミュニケーション能力の向上」「さまざまな社会活動体験の増加：留学、インターンシップ、ボランティア」「学生の能動的な学びによる学修時間の拡充」を求めています。

ところで、経済産業省も、「職場や地域社会で多様な人々と仕事をしていくために必要な基礎的な力」として12の能力要素から成る3つの能力を我々に

提唱してくれています[19]。平成 18 年 2 月に定義づけた「社会人基礎力」が、それです。経済産業省の提唱する社会人基礎力は、次のように、「前に踏み出す力」「考え抜く力」「チームで働く力」の 3 つの能力（12 の能力要素）から構成されています。

「前に踏み出す力」（アクション）：一歩前に踏み出し、失敗しても粘り強く取り組む力

〈能力要素〉主体性、働きかけ力、実行力

「考え抜く力」（シンキング）：疑問を持ち、考え抜く力

〈能力要素〉課題発見力、計画力、創造力

「チームで働く力」（チームワーク）：多様な人々とともに、目標に向けて協力する力

〈能力要素〉発信力、傾聴力、柔軟性、情況把握力、規律性、ストレスコントロール力

このように見てくると、日本の経済産業界は、少子・人口減少社会が進行するとともに人工知能による機械のできる仕事が一段と増えていく状況下において、日本の社会がより良く発展して行く上で必要な能力がどのようなものであるのかを明確に示唆していると言えます。

それは、アクティブ・ラーニング等による能動的な学修を通した主体性やコミュニケーション能力、課題解決能力、実行力、協調性、そして前に踏み出す力、考え抜く力、チームで働く力です。決して、知識・技能を修得することを求めているものではないことが明白です。

それらの能力は、これまで学校教育において一般的に行われてきた画一的な一斉授業や教師主導で児童生徒が受動的に受けているだけの授業では修得できるものではないものです。決して、黒板に板書された内容をノートに写してまとめる授業や教師の言った大切なことを書き留めるだけの授業ではないことが分かります。

日本の経済産業界は、アクティブ・ラーニングによって育つ能力を持った人材、それも、答えのない問題に対してアクティブ・ラーニングによって育つ能力を遺憾なく発揮できる人材を求めていると換言できるでしょう。それは、30

第2章　なぜ、今、アクティブ・ラーニングなのか？　*41*

年後を担う子どもたちに対してより良く生きるための必要な能力を修得させることであるとも言い換えることができます。

　したがって、私たちが目の前の子どもたちに対して教えなければならないことは、社会人に求められる基礎的な能力です。それは、経済産業界からのメッセージを読み解くと、「課題を自ら働きかけて見つけ、自分で考え判断しながら主体的に取り組み続け、チームとして協働して確実に解決していく能力」であると言うことができます。

　そのためには、「しっかりと基礎・基本を教えなければならない」とか、「静かに座らせて教師が教えなければ子どもたちは分からない」というこれまでの発想から解き放たれなければなりません。

　アクティブ・ラーニングによって育成される能力が、30年後を担う子どもたちに修得させなければならない能力だからこそ、アクティブ・ラーニングが求められているのです。今、アクティブ・ラーニングが求められている3つ目の理由が、そこにあります。

注
13)　総務省統計局統計表：http://www.stat.go.jp/data/nihon/02.htm（2016.2.1）。
14)　西川純：すぐわかる！ できる！ アクティブ・ラーニング、28-29、学陽書房、2015。
15)　西川純：サバイバル・アクティブ・ラーニング、54-71、明治図書、2016。
16)　(社) 日本経済団体連合会教育問題委員会：産業界の求める人材像と大学教育への期待に関するアンケート結果、http://www.stat.go.jp/data/nihon/02.htm（2015.4.1）。
17)　一般社団法人 日本経済団体連合会：「世界を舞台に活躍できる人づくりのために」―グローバル人材の育成に向けたフォローアップ提言―、http://www.stat.go.jp/data/nihon/02.htm（2015.4.1）。
18)　公益社団法人経済同友会：これからの企業・社会が求める人材像と大学への期待―個人の資質能力を高め、組織を活かした競争力の向上―、http://www.doyukai.or.jp/policyproposals/articles/2015/150402a.html（2015.4.1）。
19)　経済産業省：社会人基礎力、http://www.meti.go.jp/policy/kisoryoku/（2015.4.1）。

第3章

見かけのアクティブ・ラーニングと真の
アクティブ・ラーニングの違いって何？

1. 今、求められているのはアクティブ・ラーニングをすることではありません？

● 認知的、倫理的、社会的能力、教養、知識、経験を含めた汎用的能力の育成が必要

　今、求められているのは単に形だけアクティブ・ラーニングをすることではありません。アクティブ・ラーニングによって育成される能力を、30年後を担う子どもたちに確実に付けることが求められているのです。

　そこを勘違いしないようにしなければなりません。いくらアクティブ・ラーニングだと思って実践しても、それによってアクティブ・ラーニングによって育つはずの能力が育っていなければ、それはアクティブ・ラーニングとは言えないことは自明です。その勘違いが、アクティブ・ラーニングを見かけ倒しのものにし、落とし穴に陥らせるきっかけを作ってしまいます。

　換言すれば、30年後を担う子どもたちが30年後の未来を生き抜いていく上で必要な能力を育成することのできる授業が求められているのです。それを文部科学省がたまたま、アクティブ・ラーニングと呼んで定義しているだけのことです。

　30年後を担う子どもたちに必要な能力は、認知的、倫理的、社会的能力、教養、知識、経験を含めた汎用的能力ですから、認知的、倫理的、社会的能力、教養、知識、経験を含めた汎用的能力の育成を図ることのできる授業が求められていると言えます。

● アクティブ・ラーニングで育つ汎用性の高い能力が重要

　アクティブ・ラーニングがなぜ求められているのか。それは、ただ単にアクティブ・ラーニングをするだけではなく、それらによって育成される能力、それも汎用性の高い能力が30年後の激動の社会を生き抜くために必要だからです。汎用性の高い能力は20歳になったそのときから、いきなり習得できて発揮できるものではないことは自明です。幼少の頃から地道に繰り返し育てら

れて初めて、意識せずに発揮することができるようになるものです。だからこそ、アクティブ・ラーニングによって育てなければならないものなのです。

● アクティブ・ラーニングの本質を見失わないようにすべき

　アクティブ・ラーニングという初めて聞く言葉が使われているだけに、「授業での子どもたちの学びをアクティブにすることだ」とか、「ラーニングよりスタディが相応しい」とか「能動的で主体的ではなく、主体的で能動的でないとだめ」といった言葉遊びとも言われかねない議論に終始していると、アクティブ・ラーニングの本質を見失いかねません。**アクティブ・ラーニングの本質は、修得させるべき能力**です。

　また、「発見学習、問題解決学習、体験学習、調査学習等が含まれるが、教室内でのグループ・ディスカッション、ディベート、グループ・ワーク等も有効なアクティブ・ラーニングの方法である」と例示されているだけに、たとえば「アクティブ・ラーニングとしてはグループ・ワークが相応しい」とか「理科ではもともと問題解決学習をしているから、これまでやってきたことをそのままやれば良いだけだ。だから、理科の授業はアクティブ・ラーニングだ」とか言った議論が生じることもあり得るでしょう。「理科でのアクティブ・ラーニングに相応しい問題解決学習は○○のような授業だ」と言った声が出て来ることも予想されます。

　それらも、本質を見失いかねません。**アクティブ・ラーニングに当てはまるのかどうかが問題なのではなく、その授業で「認知的、倫理的、社会的能力、教養、知識、経験を含めた汎用的能力の育成」が果たせたのかどうかが本質な**のです。

　アクティブ・ラーニングの本質を見誤ると、見かけだけのアクティブ・ラーニングになってしまいます。

2. アクティブ・ラーニングは教科の授業で「今日は人として正しい姿か?」を問う授業

● 教科の授業で倫理的、社会的能力を評価する授業

　教科の授業でアクティブ・ラーニングを実践するときにいちばん大切なことは、「認知的、倫理的、社会的能力、教養、知識、経験を含めた汎用的能力の育成を図る」ことです。

　たとえば、中学校第2学年の理科の授業で、「密閉した容器の中で塩酸に炭酸水素ナトリウムを加えると質量が変化しない理由を、図54の結果と実験6-Aの結果を使って、全員が周りの友だちによく分かってもらえるように分かりやすく、自分の言葉で説明することができる」という目標(課題、めあて)が提示されたとします。授業の最後には、「密閉した容器の中で塩酸に炭酸水素ナトリウムを加えると質量が変化しない理由を、図54の結果と実験6-Aの結果を使って、全員が周りの友だちによく分かってもらえるように分かりやすく、自分の言葉で全員が説明することができたかどうか」を評価することになります。

　そこでは、その単位時間における理科の学習内容(この場合は、化学変化における質量保存の法則)に関わる認知的能力、教養、知識、経験が修得できたかどうかを評価します。

　そのとき、小学校第5学年で学修した溶解時における質量保存の法則や中学校第1学年で学修した物理変化(状態変化)における質量保存の法則に関する認知的能力、教養、知識、経験の汎用的能力の評価などは行われないのが一般的です。つまり、前学年までに学修し終えている既習事項(この場合、溶解時の質量保存の法則と物理変化における質量保存の法則)が汎用的に活用されているかどうかを評価することは、あまりありません。まして、倫理的、社会的能力を評価することはありません。倫理的、社会的能力を評価することがないのですから、その汎用的能力を評価することなどあり得ません。

　教科の授業におけるアクティブ・ラーニングでは、この倫理的、社会的能力

を評価します。さらに、倫理的、社会的能力の汎用的能力が育っているかどうかまでも評価します。

　いったい、どのようにして評価するのでしょうか。

　アクティブ・ラーニングでは、教科の授業の最後に、認知的能力、教養、知識、経験が修得できたかどうかを評価することと合わせて「塩酸に水酸化ナトリウムを加えて質量変化を調べた今日の授業で、みんなの目標達成に向けて、君たちが自分で考えて行動したことは、人として正しい姿か？」と子どもたちに問うことがポイントです。

　続けて、「今日、君たちが自分で考えて行動したことが（自分に対してまわりの人に対して自然に対してそして集団や社会に対して）人として正しい姿であったなら、何が良かったのだろうか。振り返ってみよう。それが分かれば、それを意識して次の授業に臨もう。そうすれば、今日の授業と同じように人として正しい姿でさらに継続して授業を受けることができる。しかし、人として正しい姿でなかったとしたら、何が足りなかったのだろう。振り返ってみよう。次の授業ではどのように行動したら良いのかを考えて授業に臨もう。そうすれば、今度こそ、人として正しい姿で授業を受けることができるはずだ」と語ってメタ認知させ、汎用的能力へと高めます。

　人格の完成を目指し、平和で民主的な集団づくりのために、自分で考えた判断によって良心を持って協働的にチームワークを発揮できたかどうかを毎時間自己評価し、メタ認知し続けることが、倫理的、社会的能力の汎用性を高めるとともに、30年後を担う子どもたちに求められる能力を培うことにつながることに依ります。

　多様な認知的側面を持つチームメイトに対して、教科の授業中に自分はどのようにして協働的に関わり、みんなが目標達成することに対して何を成せたのかを自己評価してメタ認知することが、真のアクティブ・ラーニングにするためのコツであると言えます。

3. それって、アクティブ・ラーニング？

● 学修者を能動的にさえすれば OK なのか

　文部科学省のアクティブ・ラーニングの定義を見ると、「教員による一方向的な講義形式の教育とは異なり、学修者の能動的な学修への参加を取り入れた教授・学習法の総称」とあります。

　ここだけに注目してアクティブ・ラーニングの授業を試みると、どのようなことが起きるのでしょうか。

　教師による一方向的な講義形式の授業ではなく、子どもたちが能動的な学修に参加することのできる授業に変えようとします。すると、次のようなことが起きます。

　理科の場合、観察、実験を伴うことが大変多くある上に、目標達成に向けた方法としての観察、実験は多様に行うことが可能です。そうすると、子どもたちが自分なりに工夫して考えた実験方法によって一人ひとりが主体的に探究しながら、授業の目標に迫ろうとする授業が展開することがよくあります。

● 子どもたち自身は能動的に学修を進めてはいたけれども

　たとえば、小学校第4学年の理科の授業で、「空気には重さがあるのだろうか？」という課題の解決に向けて、それぞれの子どもたちが自分なりに考えて工夫した実験方法によって探究することがあります。

　ちなみに、子どもたちが40人いると、20人の子どもたちは「この世に重さのないものなんてあるのかなあ」という認識です。他の20人の子どもたちは「空気は‘もの’じゃないんじゃないかなあ。だから重さなんてないよ」です。

　子どもたちの考える実験方法は、次の4つのタイプに分けられます。

(1)　入っていない容器に空気を入れたり、あるいは空気がすでに入っている容器にさらに空気を入れたりしながら、入れる前後での容器を含めた全体の重さを計測して比較する方法

(2)　一定量の閉じこめられた空気の重さを計測する方法

（3）モーメントを利用しながら、支点の左右の腕に総量の異なる空気の入った容器をつり下げて重さを比較する方法

（4）空気の入っている容器から、空気を取り出しながら（真空に近い状態にしながら）、取り出す前後での容器を含めた全体の重さを計測して比較する方法

　観察、実験が始まると、子どもたちは自分の考えた実験方法にこだわりがあるので、思い思いの方法で調べます。参観していると、自分の考えた工夫した方法で実験するのですから、それはもう、アクティブです。遊んでいる子は一人もいません。一人残らず、目標達成に向かって一目散です。参観できる子どもたちの姿は、主体性、実行力、前に踏み出す力、考え抜く力に満ちあふれているように見えます。

　しかし、自分の考えた抜群に工夫された実験方法で調べはしますが、周りの友だちのことなどまったく意に介していません。ぼくの実験、私の方法に一生懸命になっているだけです。

　観察、実験の時間が終わって結果をまとめようとして、最終的に空気に重さがあったのかどうなのかを聞いてみると、空気に重さがあったと結論づける子どもたちが 20 人、空気には重さはなかったと結論づける子どもたちも 20 人という結果になって授業が終わりました。

　それって、アクティブ・ラーニングなのでしょうか？

　アクティブ・ラーニングをやっているつもりなのでしょうが、教科の目標が答えのないものとしてゴール・フリーに設定されているわけではないので、これでは真のアクティブ・ラーニングとは言えません。

　なぜ、このようなやっているつもりのアクティブ・ラーニング（見かけだけのアクティブ・ラーニング）の落とし穴に陥ってしまうのでしょうか。

4. 見かけのアクティブ・ラーニングに陥る落とし穴は？

● 落とし穴に陥る 5 つの理由

アクティブ・ラーニングの目的は、「認知的、倫理的、社会的能力、教養、知識、経験を含めた汎用的能力の育成を図る」ことです。

落とし穴に陥るのは、この目的が十分に理解されていないことによって起こります。

その理由は5つあります。

1つ目の理由は、文部科学省の定義のうち、**「教員による一方向的な講義形式の教育とは異なり、学修者の能動的な学修への参加を取り入れた教授・学習法の総称」**にだけ注目してアクティブ・ラーニングを理解しているからです。

教師による一方向的な指示や方法による探究を避けようとすることによって、先の小学校第4学年の空気の重さを調べる授業の事例のように、子どもたちが自分で考えた方法あるいは小集団で工夫して考えた方法を彼らなりのやり方でやってみることを任せることが、落とし穴への誘導を引き起こします。

そこには、子どもたち自身に考えさせることが、子どもたちを能動的にさせることに直結するという考え方があります。教師が考えた学習過程を子どもたちにさせることは、教師が能動的にこそなれ子どもたちが能動的になることはないという考えが根底にあることに依ります。

しかし、子どもたちに探究方法を考えさせれば良いかというと、教師が条件制御を的確にして示さない限り、子どもたちの好き勝手な実験方法による探究になってしまいかねません。先の空気の重さの測定では、子どもたちが考えた方法だからといって、子どもたちの考えた実験方法をさせたとしても、密度が約 $0.0012 \mathrm{g/cm^3}$ しかない空気の重さを子どもたちが考えたラフな方法で正確かつ精密に計測することは極めて困難であることは、科学的に考えれば容易なことです。子どもたちに任せて、彼らが自分なりに考えた実験方法で探究させることは、現象論的には一見、能動的には見えますが、それをアクティブ・ラーニングととらえることは危険です。

第3章　見かけのアクティブ・ラーニングと真のアクティブ・ラーニングの違いって何？　*51*

　2つ目の理由は、文部科学省の定義のうち、「**発見学習、問題解決学習、体験学習、調査学習等が含まれるが、教室内でのグループ・ディスカッション、ディベート、グループ・ワーク等も有効なアクティブ・ラーニングの方法である**」にだけ注目してアクティブ・ラーニングを理解しているために、それを実践することが目的となっているからです。

　たとえば、文部科学省の定義に示された方法の中の一つにグループ・ワークがあります。そうすると、理科の授業の中にグループ・ワークを取り入れることがアクティブ・ラーニングであると解釈することによって、それが目的となってしまいます。グループ・ワークを取り入れることによって理科の授業の目標達成にどのように迫ることができるのかを考えられなくなることが弊害です。

　グループ・ワークを、単位時間の中の学習過程のどこに位置づけたら良いのか、そのときに誰をリーダーとしてどのような援助過程を組み込んだら良いのか、グループの構成メンバー間の相互の関わりをどのように構成したら良いのか、等々に注力してしまうことが容易に想定されます。そうなると、理科としての認知的能力をどのようにして習得させるべきなのか、あるいは倫理的、社会的能力をどのようにして育てていくべきなのかということまで考える余裕をなくしてしまい、結局、落とし穴に陥ってしまいます。

　方法はあくまでも目的達成のための手段であって、それを目的化してしまうことは避けなければなりません。

　残りの3つの理由は、文部科学省の定義のうち、「学修者が能動的に学修することによって、認知的、倫理的、社会的能力、教養、知識、経験を含めた汎用的能力の育成を図る」に注目しているにもかかわらず、落とし穴に陥ってしまう理由です。

　それは、なぜなのでしょうか。

5. 今日の授業で何をさせたいのかを教師が決めていなかったらどうなるの？

● どんな力を身につけさせたいのか、教師が授業前にしっかり持たないまま授業に臨んでいる

　アクティブ・ラーニングの肝が、「学修者が能動的に学修することによって、認知的、倫理的、社会的能力、教養、知識、経験を含めた汎用的能力の育成を図る」ことである点に注目しているにもかかわらず、落とし穴に陥ってしまうケースが３つあります。

　それが、アクティブ・ラーニングをちゃんとやっているつもりでも見かけのアクティブ・ラーニングに終わってしまう落とし穴に陥る、３つ目と４つ目とそして５つ目の理由です。

　３つ目の理由は、文部科学省の定義のうち、「学修者が能動的に学修することによって、認知的、倫理的、社会的能力、教養、知識、経験を含めた汎用的能力の育成を図る」に注目してはいるのですが、それにもかかわらず、教師がその単位時間の授業でどのような認知的能力を子どもたちに修得させたいのかについてしっかり把握していないからです。

　単位時間の授業に臨むに当たって、どのような認知的能力を身に付けさせたいのかをしっかり持たないままになっている、どのような教養や知識を習得させたいのか明確にさせないままになっている、どのような経験を積ませたいのか漠然としたままになっている場合が、それに当たります。

　たとえば、小学校第３学年の理科では「電気の通り道」の勉強をします。そこでは、「どのようなものが電気を通すのだろうか、全員がまわりのお友だちによく分かってもらえるように分かりやすく、自分の言葉で説明することができる」という目標の授業をします。子どもたちが解決すべき疑問は、「どのようなものが電気を通すのだろうか」です。

　この場合、一見、教師はちゃんと理科の目標を設定しているように見えますから安心します。しかし、子どもたちにとっては教師が何をさせたいのかよく

分かりません。それは、教師が何をさせたいのかよく分かっていないからに他なりません。

この授業では、次のどれをさせたいのでしょうか。かっこ内はアクティブ・ラーニングで求められているものを示しています。

・金属に電気を通すことを理解させたい（知識の獲得）。
・物体と物質の違いを理解させたい（認知的能力、知識の獲得）。
・通電させる際に金属の接点の距離、金属の種類には影響を受けないことを理解させたい（科学的思考力の認知的能力の獲得）。
・通電実験の経験をさせたい（実験技能力に関する認知的能力、経験の獲得）。

実際の授業ではどうなったでしょうか。

案の定、子どもたちは身の周りにあるいろいろな物体を使って、豆電球に明かりが付くかどうかを主体的に、実行力を持って、課題解決能力に満ちあふれて探究を進めました。遊んでいる子どもは一人もいません。彼らの姿は、誰が見ても実にアクティブです。現象論的には、まさに文部科学省が求めているような学修者による能動的な学修が展開しているように見えて仕方がありません。

しかし、よく見てみると、それぞれの子どもたちの向かっている方向がバラバラです。明確な意図を持って金属と金属以外の物体で通電を試みている子どもたちもいれば、ただいろいろなものに通電実験をしてまわりの子どもたちと通電実験回数や通電実験できた物体数を比較している子どもたちもいます。接点と接点の距離に注目して調べている子どもたちもいます。鉛筆の芯やシャープペンシルの芯にまで電気が通るかどうかを確かめる子どもたちも現れたくらいです。収拾が付きません。

このような授業では、認知的、教養、知識、経験を含めた汎用的能力の育成はもとより、倫理的、社会的能力の汎用的能力の育成は無理です。とても、真のアクティブ・ラーニングと言えるものではないことが分かります。

6. 今日の授業で何をさせたいのかを教師が決めていても子どもたちが知らなかったらどうなるの？

● みかけ上、アクティブ・ラーニングに見えても、それは見かけ上だけのことでしかない

　それでは次に、アクティブ・ラーニングをちゃんとやっているつもりでも見かけのアクティブ・ラーニングに終わってしまう落とし穴に陥る、4つ目の理由はなんでしょうか。

　4つ目の理由は、文部科学省の定義のうち、「学修者が能動的に学修することによって、認知的、倫理的、社会的能力、教養、知識、経験を含めた汎用的能力の育成を図る」に注目はしているのですが、それにもかかわらず、**教師がその単位時間の授業でどのような認知的能力を修得させたいのかについて十分に把握はしているのですが、それが実際に学ぶ子どもたちに伝わっていないか**らです。つまり、子どもたちが今日の授業で何を達成すれば良いのかを把握してないことに依ります。

　教師が単位時間に付ける能力（認知的能力、教養、知識、経験）を授業実践前にしっかり持っていたとしても、それを子どもたちに伝えていない、つまり教師だけが企画段階での学習指導案に記述しているにもかかわらず、子どもたちがこの授業で何ができればOKなのかを把握していない授業事例が、これに当たります。

　教師がしっかり持って授業に臨んだとしても、子どもたちはそれを知らないまま授業を受けます。子どもたちは一度探究し始めたら一生懸命に目標達成に向かいますから、途中での軌道修正をしようと教師が試みても思うように任せない状況に至っているのが常です。

　たとえば、小学校第5学年の理科では、「物の溶け方」の中で物質固有の溶解度を利用した再結晶の勉強をします。そこでは、ミョウバンのように温度の変化によって溶け方が変わる物質は、ミョウバンの温度を下げると溶ける量が減るため、溶けきらなかった量が出てくる性質があることを理解することがで

第 3 章　見かけのアクティブ・ラーニングと真のアクティブ・ラーニングの違いって何？　55

きる授業をします。企画段階で教師が何をさせたいのかをしっかり把握しますから、学習指導案の本時の目標欄にも記載されます。もちろん、そのための観察、実験が可能になるよう教材等も準備します。

　さあ、授業です。準備は万端整えてあるので勇んで臨みます。

　ところが、授業が始まってみると、教師の意図が子どもたちに伝わりません。それは、教師が黒板に「温度を変化させて、ミョウバンを復活させよう」と板書することに依ります。教師の一方向的な授業ではなく、子どもたちの能動的な学修にさせたい気持ちが、そのような表現での板書につながったものと考えられます。

　子どもたちは、水に溶けたミョウバンをどのように温度を変化させたら復活させることができるのかを工夫して、実験を始めます。やがて、2通りの観察、実験をする子どもたちが現れます。一つは温めてミョウバンを溶かした水を冷やして再結晶させようと実験する子どもたちです。教師のさせたいことをしている子どもたちです。

　その一方で、ミョウバンを溶かした水をさらに加熱して水を蒸発させてミョウバンを取り出す実験を試みる子どもたちがいます。教師のさせたいこととは異なる探究（蒸発乾固）を続ける子どもたちです。確かに、温度を変化させてミョウバンを復活させるなら、水を冷やしても温めてもどちらでも OK という解釈が成り立ちます。

　いずれの子どもたちも、自分のあるいは自分たちの観察、実験に没頭しています。他のグループ等の観察、実験には見向きもしません。遊んでいる子どもは一人もいません。彼らの姿は、誰が見ても実にアクティブです。主体的に、実行力を持って、課題解決能力に満ちあふれて探究しているそれは、現象論的にはまさにアクティブ・ラーニングです。しかし、最終的に何もまとめられず、収拾が付きません。

　このような授業では、認知的、倫理的、社会的能力、教養、知識、経験を含めた汎用的能力の育成は無理です。とても、真のアクティブ・ラーニングと言えるものではないことがここでも分かります。

7. 今日の授業で何をしたら良いかを子どもたちが知っていても、自分のことしか考えていなかったらどうなるの？

● 認知的能力が付いても、倫理的、社会的能力が育たなければダメ

　最後に、アクティブ・ラーニングをちゃんとやっているつもりでも見かけのアクティブ・ラーニングに終わってしまう落とし穴に陥る、5つ目の理由はなんでしょうか。

　5つ目の理由は、文部科学省の定義のうち、「学修者が能動的に学修することによって、認知的、倫理的、社会的能力、教養、知識、経験を含めた汎用的能力の育成を図る」に注目し、教師がその単位時間の授業でどのような認知的能力を修得させたいのかについて十分に把握し、子どもたちもよく知っているのですが、それにもかかわらず、**教師が倫理的、社会的能力を育てるという認識を持っていないか、持っていたとしてもそれを実現させようという強い意志を持っていないからです。**

　つまり、教師が教科の単位時間の授業において、倫理的、社会的能力の汎用的能力の育成に配慮できていない授業であると言えます。

　たとえば、中学校第2学年の理科では、「電流とその利用」で電気とそのエネルギーを勉強します。そこでは、家庭で使用するような電気器具の能力（強弱、大小等）が電力の大きさと関係していることを理解することができる授業をします。

　教師は、その授業を実践するに当たって、子どもたちに対して電気器具の能力と電力の大きさが関係していることを理解させたいととらえています。それは子どもたちにも伝わり、その授業では子どもたち自身も電気器具の能力と電力の大きさが関係しているかどうかをいろいろな電気器具を使って探究しました。

　子どもたちは日常生活で我々が使用しているいろいろな電気器具を使って、その能力と電力の大きさとの関係について、消費電力などの数値を瞬時に計測してモニターしてくれる簡易消費電力検知器によって、一心不乱に調べます。

その姿はまさに主体的に、実行力を持って、課題解決能力に満ちあふれています。遊んでいる子どもは一人もいません。彼らは能動的な学修に自ら積極的に加わり、前に踏み出す力や考え抜く力も十分に発揮されている様子が見て取れます。彼らの様子を見る限り、一人の例外もなく、すべての子どもたちがアクティブです。現象論的に、十分に学修者による能動的な学修が展開しているように見えます。

　最終的に、電気器具の能力が大きいときには電力が大きいことをまとめて授業が終了します。子どもたちの能動的な学修による認知的能力、教養、知識、経験の獲得も行われたと解釈できる授業です。

　しかし、子どもたち相互の関わりはありません。自分の課題ないしは同じ課題を持つ子どもたち同士で編成されたグループ内においてその課題の解決を通して目標達成に迫ろうとしている様子が如実に表れています。それは、それぞれのこだわりの表出であり、自己実現を目指す実行力としては評価されるものと言えます。ただ、電子オルガンを扱って実験して音量によって結果を求めている子どもたちがいる一方で、アイロンや扇風機を使って強弱や大小によって結果を求める子どもたちもいます。パーソナル・コンピュータを使った作業量の大小や電球を使った明るさの明暗による結果を出そうとしている子どもたちもいて、さまざまです。自分の自己実現のことしか考えていないように見えます。それらから得られる結果の自由な情報交換や電気器具の能力の相違性の相互議論もありませんし、結果から導き出される分析、考察に関する自由な情報共有もありません。結果や考察の出ない子どもたちやグループは、誰からも相手にされないままです。授業終了時における教師による評価もリフレクションもなく、子どもたちのメタ認知もありません。

　この状況においては、子どもたちの倫理的、社会的能力の育成は果たせない状況のままです。教師によるリフレクションの場面設定がないのですから、汎用性を期待することもできません。このような授業では、倫理的、社会的能力及びその汎用的能力の育成は無理です。真のアクティブ・ラーニングと言えるものではないことがここでも分かります。

8. 真のアクティブ・ラーニングにするにはどうすればいいの？

● 真のアクティブ・ラーニングにする5つのコツ

アクティブ・ラーニングをちゃんとやっているつもりでも見かけのアクティブ・ラーニングに終わってしまう理由が5つありました。真のアクティブ・ラーニングにするためには、その5つの理由を克服すればOKです。

まず第1に、**子どもたちの考えた方法や調べたい事柄に注力させて探究させることは間違っていません。問題は、それらがどこに向かうのかを明確にする必要がある**だけのことです。子どもたちの考えた探究方法で進めたとしても結果が出ないことがはっきりしていたりその探究方法では教師の求めるところに辿り着くことができないことがはっきりしていたとしたら、その探究方法の採用を避ける方が無難です。

子どもたちの興味・関心に応じて調べさせる場合も同様です。子どもたちの興味・関心を尊重することは大切なことですが、それによって教師の求めている方向がずれてきたり求めているところに辿り着くことができない結果がでてしまったりしたら、真のアクティブ・ラーニングにはなりません。

第2に、**文部科学省がさまざまな学習論や指導方法を例示していますが、それはあくまでも手段である**ことを肝に銘じることです。たとえば、グループ・ワークを授業に取り入れようとした場合でも、それは手段ですからそれを取り入れることによって最終的にその授業で何をさせたいのか、どのような認知的能力、教養、知識、経験を獲得させたいのかを明確にすることです。そして、子どもたちに対して、ぶれずにそれを求め続けることです。

第3に、**教科の授業の目標（課題、めあて）を明確に持つ**ことです。それは学習指導案に記述しただけで終わりにしてはなりません。子どもたちに対して何をさせたいのかを授業前に明確に持って学習指導案に書いたら、それを授業中に一貫して求め続けなければなりません。さらに、授業が終了する時に全員がその目標（課題、めあて）を達成したのかどうか、つまり教師がさせたいことを全員が達成できたのかどうかを評価することです。

第3章　見かけのアクティブ・ラーニングと真のアクティブ・ラーニングの違いって何？　59

　これが指導と学びと評価の一体化です。アクティブ・ラーニングが叫ばれる以前から言われている授業を行う際の基本ですから、もう一度再認識してください。

　第4は、第3に説明したことと重複しますが、**教科の授業の目標（課題、めあて）をしっかり持ったら、それを授業の最初に子どもたちにはっきりと伝えること**です。「今日の授業の目標（課題、めあて）は○○です。」と伝えます。それも、授業の最初に伝えることがポイントです。授業の途中や最後に伝えると見かけ倒しに終わります。授業の最初に、子どもたちが「今日の授業では○○を達成すれば OK なのだ」と確実に理解することが、真のアクティブ・ラーニングを成功させるための肝です。そのときに、「全員が達成することが大切です。」と添えることを忘れないようにしてください。

　もし万が一、授業の途中で、子どもたちの中に当該授業の目標（課題、めあて）を見失うような言動を取る子どもたちが現れたら、「今日の授業の目標（課題、めあて）はなんだったっけ？」と聞いてみることです。授業が終わるまで一貫してさせることが重要です。

　そして第5は、**教科の授業で倫理的能力と社会的能力を常に意識して子どもたちに対して語ること**です。教科の力を、教科の毎単位時間の授業を通じて習得させるように、倫理的能力と社会的能力も教科の毎単位時間の授業を通じて育てるのです。それが見かけのアクティブ・ラーニングとの決定的な違いです。

　語り方のコツは、本章の「アクティブ・ラーニングは教科の授業で『今日は人として正しい姿か？』を問う授業」を参照してください。

　この5つのポイントが、見かけのアクティブ・ラーニングと真のアクティブ・ラーニングの違いです。

9. 教科の授業で育てる倫理的能力の汎用的能力と、その育て方って何？

● 人として守るべき道を正しく守ることとそのリフレクション

アクティブ・ラーニングで求められている倫理的能力は、人として守るべき道を正しく守ることのできる能力です。つまり、人として行う行為が人の道に照らして正しいものかどうかを自問し、人として守るべき本来の道へと常に軌道修正できる能力であると考えます。それは換言すれば、人としての良心を持ち、それに従って正しく行動することのできる能力とも言えるのではないでしょうか。

その汎用的能力は、人として守るべき道を正しく守ることを教科の授業だけでなく、広くさまざまな場面で発揮できる能力です。それも、教師に言われて発揮させるのではなく、自らの意志と判断によって具体的な行動として発揮することのできる能力です。

本書のまえがきでピノキオの物語の始まりを紹介しました。生命を吹き込まれたピノキオは、その後、生きることを任されて失敗を繰り返しながらも、良心を持ち、それに従って正しい行動を取ることができるようになります。まさに倫理的能力を得てその汎用性が高まったと言えるようです。その過程で重要なことは、決して誰かにさせられたわけではなく、ピノキオ自身に考えさせたことです。たとえ、失敗してもまた考えさせて学ばせた点です。それが倫理的能力の獲得とその汎用性を高めることにつながるのです。

従来、倫理的能力の育成は道徳教育で行われてきたものです。道徳教育は道徳の時間と教育活動全体を通じて行うものですが、道徳的判断力や道徳的心情は主に道徳の時間で学修してきました。認知的能力は教科の授業で習得してきたものです。つまり、従来は認知的能力と倫理的能力を主に別々に学んできたのです。アクティブ・ラーニングではそれを一緒に育てるところがこれまでと異なる特徴です。

教科の授業で倫理的能力を育てる良さは3つあります。

1つは授業で学ぶ頻度です。道徳の時間では週に1回しか学修することができませんが、教科の授業は1日何回もあり、その各授業で毎回倫理的能力の育成が図られるのですから、その学修できる回数はこれまでとは比べものになりません。

　2つ目は、倫理的能力に対する考えや判断とそれが発揮される場面が連動する点です。従来、道徳の時間では、一般的には資料を使用しその資料を通して道徳的価値を学修します。その実践は学校生活全般において評価されることになります。しかし、アクティブ・ラーニングでは子どもたちの能動的な学修が行われているその場面で倫理観が即時行動となって現れます。ごまかしがききません。建前だけでは済まないのです。目の前で起きている諸処の現実に対して具体的な行動をしなければならないのですから、本音が出ます。その場で考えさせることができます。

　3つ目は、1つ目と連動しますが、倫理的能力の汎用的能力を育成する上で有効に機能する点です。汎用性を高めるためには、失敗してもまた考えさせて学ばせることです。つまり、1時間目も2時間目も…毎時間取り上げ、繰り返すことができる点が大きなメリットです。

　それでは、それらをどのように育てたら良いのでしょうか。

　1つは、本章の「アクティブ・ラーニングは教科の授業で「今日は人として正しい姿か？」を問う授業」に載せた語りを、毎時間繰り返し実施することです。毎時間の繰り返しによって汎用性が高まります。

　もう1つは、なんと言ってもピノキオ流に、子どもたち自身に考えさせることです。私は、全校生徒17名の中学校で保健体育を教えたことがあります。いつも17名で全校体育です。第3学年の生徒と第1学年の生徒では身体能力の違いが大きいです。男子と女子でも異なります。彼らに任せて考えさせました。すると、個人競技にしても団体競技にしても、それぞれの違いが不利にならないように、自分たちの良心に従って自分たちで自分たちのための自分たち自身のルールを作ったのです。失敗したらまた考えて改善しました。その繰り返しが汎用性を高めます。

　教科の授業だからこそできる倫理的能力の汎用的能力の育て方です。

10. 教科の授業で育てる社会的能力の汎用的能力と、その育て方って何？

● チームメイトと関わってより良く学修することとリフレクション

　アクティブ・ラーニングで求められている社会的能力は、一般社会において集団の中で共同生活を営む際に、構成員と関わってより良く生きていくことのできる能力です。それは、30年後を担う子どもたちに求められている能力のうち、「チームで働く力」に相当するものです。学校教育に当てはめて考えると、クラスの中で共同生活を営む際に、教科の授業でチームメイトと関わってより良く学修し、給食や清掃や休憩時間にチームメイトと関わってより良く学校生活を送ることのできる能力です。

　このようにみてくると、学校教育における子どもたちの仕事は学修することですから、「チームで働く力」は、「チームで学修する力」と読み替えることができます。第2章の「日本の社会がアクティブ・ラーニングによって育成される能力を持った人材を求めているから？」に出てくる「チームで働く力」をその部分（下線部）だけ読み替えると次のようになります（下線部だけ読み替え、それ以外は再掲です）。

　　「チームで学修する力」（チームワーク）：多様なクラスメイトとともに、目標に向けて協力する力

　　　〈能力要素〉発信力、傾聴力、柔軟性、情況把握力、規律性、ストレスコントロール力

　そしてその汎用的能力は、倫理的能力の汎用的能力と同様、それを教科の授業だけでなく、広くさまざまな場面で発揮できる能力です。それも、教師に言われて発揮させるのではなく、自らの意志と判断によって具体的な行動として発揮することのできる能力です。

　従来、社会的能力の育成は特別活動（学校行事、生徒会活動や児童会活動、学級活動）で行われてきたものです。教科の認知的能力は教科の授業で社会的能力は特別活動で、別々に学んできたのです。アクティブ・ラーニングではそ

第3章　見かけのアクティブ・ラーニングと真のアクティブ・ラーニングの違いって何？　*63*

れを一緒に育てるところがこれまでと異なる特徴です。

　教科の授業で社会的能力を育てる良さは３つあります。倫理的能力を育てる良さと同じです。もう一度、読み直してみてください。

　ところで、ここで言う社会的能力としての「チームで学修する力」は、「仲の良い人とだけのチームで学修する力」ではありません。「自分の考えに快く賛同してくれる人とだけのチームで学修する力」でもありません。いわゆる、仲良しチームではないのです。

　自分のまわりの人はいろいろな考え方をしている人たちです。みんな違っていて当たり前です。自分と同じ考えをもっている人、つまり、自分の考えに快く賛同してくれる人もいますが、そうでない人、つまり、自分の考えに対して賛同できない別の考えをもっている人もたくさんいます。いろいろな考えの人たちがいるからこそ、自分の考えの良さも見えますし修正点も見えるのです。いろいろな考えの人たちがいるからこそ、それらのいろいろな考えから学ぶことが多くあるのです。

　30年後を担う子どもたちにとっては、まさに、そのような「いろいろな考えをもつ人たちとのチームで学修する力」が必要なのです。

　それでは、それらをどのように育てたら良いのでしょうか。

　一つは、「今日はチームとして望ましい姿だったか？」を毎時間繰り返し問うて子どもたちに考えさせることです。毎時間繰り返し問うて考えさせることによって汎用性が高まります。

　一つは、グループを固定せずに学修を含めて子どもたちに任せることです。すると、この子が教えても分からないのにあの子が教えるとすぐに分かる不思議な現象が現れます。つまり、教え手と学び手には相性があり、誰もが相性の良い相手（ゲート・キーパー）になれるわけではないのです。学修を任せると、子どもたちが自分たちで自分たちのための自分たち自身のチームを作り、初期の目的を達成すると解散し、別のチームを新たに作ります。それを繰り返し、自分たちで相性の良い相手を探すのです。失敗したら、自分たちでまた考えて自分たちで改善します。これが「チームで学修する力」です。その繰り返しが汎用性を高めます。

第4章

真のアクティブ・ラーニングへの
近道は？

1. 私たちが能動的になるときってどんなとき？

● 私たちが能動的になる６つの要因

　考えてみてください。私たちが能動的になるときというのは、いったいどのようなときでしょうか。

　それは、間違いなく興味・関心があるときです。好きこそものの上手なれという慣用句があるくらいですから、私たちは興味・関心があることや興味・関心があるものに対しては、周りの人から何も言われなくても、興味・関心のある対象物に対して自主的にかつ積極的に関わろうとします。また、それに対しては飽きずに繰り返し関わったり調べたりして努力を惜しみません。その様子は、周りから見ればあきれるほど能動的に見えます。そして、能動的に学んだ結果が出ます。最後にはその道に精通するようになるからです。

　したがって、興味・関心の持てる対象物であれば、誰から言われなくても能動的に学修することができます。

　しかし、毎日の仕事はどうでしょうか。

　興味・関心のある仕事に就いている人もたくさんいるでしょうが、日々の仕事すべてに対して興味・関心があるわけではない人も多いのではないでしょうか。日本の学校の教師がとても忙しいことが話題になることがよくあります。それだけ多い仕事量を抱えているのですから、それらすべてに対して興味・関心を持っているわけではないことは予想できます。

　私たちが、そのようなときに能動的になって仕事をするときというのは、いったいどのようなときなのでしょうか。職員室での仕事を思い出してみてください。どのようなときに能動的になって仕事をしますか。あるいは、能動的にならざるを得ませんか。

　私たちが、本質的に能動的な行動を起こすときは次のようなときではないでしょうか。

　まず第１に、**成すべき目的が明確になっている**ことです。私たちがしなければならないことが何を目指すのかが明確ではない仕事には能動的になれませ

ん。ただ、仕事をすることだけを指示されても、それを成すことによって何を目指すのかが不明確なときほど意欲が減じます。

第2に、**なぜ成すべきなのか、その必然性を持っていること**です。つまり、大義です。その仕事をすることにどのような意義があるのかが、能動的になる要因としてとても重要です。行動の理由付けとなる根拠があってこそ、はじめて能動的になれるものです。歴史をひもとくと、大義名分によって歴史が動いた証拠が数多く残されています。

ここまで挙げた目的と意義の2つは、私たちの能動性を喚起し、高揚させ、そして維持、発展させるためにとても重要な要因です。これが欠けているときあるいは十分でないときには、どれだけどんなに励まされても受動的に仕事はできますが、なかなか能動的になれるものではありません。

第3に、**何を成すべきかが明確になっていること**です。ただ、成せと言われても何をどれだけどこまでやったら良いのかが分からなければ、まずペース配分のしようがありません。一気呵成に意欲減退です。スタートダッシュで取り組み始めても、後から、「成せ」の続きがどんどん来たらたまりません。

第4に、**成すべきことをどのように成したらよいかその方法を自分で選べること**です。どれが自分にとって一番効率的なのかは自分が一番よく知っています。身体的能力、ペース配分、優先順位等々を選択できないことほど困ることはありません。

第5に、**どこまで成したらOKなのかが明確になっていること**です。ゴールが見えないことほど辛いことはありません。やってもやっても終わりのないエンドレスの仕事は決して能動的になれません。

そして最後に、**評価され、認められること**です。それも、公正にかつ公平に評価されることが何より必要です。評価結果が私たちの能動性の喚起、高揚、維持、発展を支えます。

2. 真のアクティブ・ラーニングへ近道する時に必要なこと（欠いてはならないこと）は何？

● アクティブ・ラーニングを行う目的と意義を語ること

　私たちが仕事をするときに、能動的になる要因が6つありました。それは、教科の授業で行うアクティブ・ラーニングを真のアクティブ・ラーニングにするときにも当てはまります。それが、真のアクティブ・ラーニングにするための一番の近道です。

　まず、第1と第2に挙げた目的と意義です。**アクティブ・ラーニングを行う目的と意義を語ること**です。アクティブ・ラーニングを取り入れることによって何を目指すのか、そしてアクティブ・ラーニングを取り入れる意義は何か、つまりアクティブ・ラーニングをする大義や理由づけとなる根拠を子どもたちに語るのです。第2章で説明したことをあなたの言葉で語ることです。これは必須です。絶対に欠かすことはできません。

　子どもたちに語るときには、「今、なぜ、アクティブ・ラーニングをするのか」として語れば良いのです。そのときの「なぜ？」には、自ずと目的と意義が含まれているからです。

　教科の授業の1単位時間を全部使う必要はありません。5分でも十分です。具体的には、第2章で述べたことのうち、目先の大学入試のことではなく、それよりも30年後を担う自分のことについての目的と意義を語ってください。アクティブ・ラーニングの目的と意義を、本書第2章から読み解いて一言で言えば、次のようになります。

〈アクティブ・ラーニングの目的〉

　30年後を担う自分が30年後の未来に、認知的、倫理的、社会的能力、教養、知識、経験を含めた汎用的能力を発揮して幸せに暮らせる（一人も見捨てられない共生社会で暮らせる）ことです。

〈アクティブ・ラーニングの意義〉

　30年後を担う自分が30年後の未来を社会人として生きる上で必要な認知

第4章　真のアクティブ・ラーニングへの近道は？　*69*

的、倫理的、社会的能力、教養、知識、経験を含めた汎用的能力をを修得するためです。

これなら、2分くらいで終わるでしょうから、教科の単位時間の学習内容に影響を与えることはありません。しかし、子どもたちに対して、納得してもらえるように語らなければ意味がないことは言うまでもありません。

ところで、普通はこのような語りをすることはありません。なぜでしょうか。それは、カリキュラムに位置づけられていませんし、語ってほしいという要請もないからです。

しかし、語りをしないということは、アクティブ・ラーニングによって何を目指すのか目的が分からないまま、また、どのような意義があるのか分からないまま、子どもたちはアクティブ・ラーニングをさせられることになります。したがって、見かけのアクティブ・ラーニングの落とし穴から抜け出せません。真のアクティブ・ラーニングなどにはなりようがありません。

第3章で、見かけのアクティブ・ラーニングの落とし穴に陥る5つの理由を現象論的に説明しましたが、もう一つの理由がここにあります。見かけのアクティブ・ラーニングの落とし穴に陥る6つ目の理由は、アクティブ・ラーニングをする目的と意義を語らないことです。

● 成すべきことを示すこと

私たちが仕事をするときに能動的になる6つの要因のうち、第3、第4、第5の要因も、教科の授業で行うアクティブ・ラーニングを真のアクティブ・ラーニングにするときに当てはまります。

最初に、**教科の授業で子どもたちが何を成すべきなのかをはっきりさせて、子どもたちに誤解のないように伝えること**です。

これが抽象的であったり誤解されたりするようであれば、最初の一歩でつまづきます。

さらに、何をさせたいのかが決まっていたら、単位時間の授業の最初に必ず、子どもたちに伝えることです。これが授業の途中や授業の終わりに伝えるようなことであれば、二歩目でつまづきます。

考えてみてください。あなたが、職員室で校長から言われた仕事をするときに、仕事を始めてから途中で何を成すべきかを言われたり仕事が終わったと思ったそのときに何を成すべきかを言われたりしたらどうでしょう。「最初に言ってほしい」と思いませんか。

たとえば、算数・数学の場合、

「教科書○ページの問1を解くことができる」

という目標を出すことがよくあります。

何をさせたいのかがよく分かって、明快な目標であると言えます。

しかし、この場合、教師は答えを出すことを求めているのでしょうか。それとも、どのようにして答えを出したのかその解き方が分かることを求めているのでしょうか。子どもたちに誤解のないように伝わらなければなりません。それも、授業の最初に、です。

もし、答えを出させたいとしたら、

「教科書○ページの問1の答えを求めることができる」とした方が誤解なく、子どもたちには伝わります。

どのようにして解くのか、その方法を理解させたいと願うならば、

「教科書○ページの問1を解く方法を、周りの友だちに分かってもらえるように分かりやすく、自分の言葉で説明することができる」「教科書○ページの問1の答えを出すまでの式を書くことができる」

とした方が、誤解されずにすみます。

一方、その両方を求めているのであれば、

「教科書○ページの問1について、どのように答えを出すのかそのやり方を説明し、答えを出すことができる」「教科書○ページの問1の答えを出すまでの途中の式を書いて、答えを出すことができる」とします。

● 方法を自分で選択できるようにすること

次に、教科の授業で、成すべきことをどのように成したらよいかその方法を子ども自身が自分で選べるようにすることです。

つまり、子どもたちに対して、授業の目標をどのように達成することができ

るのか、その方法をペース配分も含めて、子どもたち自身に自由に選択させることです。

さらに、目標の達成に向けて用意した教材等が準備されているのであれば、どのような教材がどれだけあっていつ使用できるのか使用に当たっての安全性がどの程度なのかについて、単位時間の授業の最初に必ず、子どもたちに伝えることです。これが授業の途中や授業の終わりに伝えるようなことであれば、アクティブ・ラーニングの成功は望めません。

普通教室や特別教室の決まった場所に常においてある教材等であれば、子どもたちはいつも目にしていますし、鍵さえかかっていなければいつでも使用できる状態になっているので、使用するときもそこから持ってくることができますし、使用が終わって返却するときもそこに返すことができます。

しかし、その単位時間にだけ使用する固有の教材等を教師が準備する場合には、必ず、子どもたちの探究活動に入る前に全員に「ここに今日使用できる教材があります」と見せます。続いて、「いつでも使用してかまいませんが、使用が終わったらこの通りに戻してください。そのために、どのような状態で用意してあるかよく見ておいてください」と語ります。そうすれば、子どもたちはいつでもそこから持って行って、使用を終えたら、最初に置いてあった状態にして返却してくれます。

ところで、教科の授業の目標を達成するために子どもたちにとって一番良い方法を考えられるのは、誰でしょうか。

それは、子ども自身です。

幼少期からの学びの蓄積による学修履歴と自らの力量を一番よく知っているのは他ならぬ自分自身です。自分がどの教科を得意としていてどのようなところを苦手としているのか、苦手としている教科はなぜ苦手なのかを一番よく知っているのも自分です。目標達成に向けて、どんなペース配分でどこに力を注いでどこでペースアップすれば良いかを一番よく知っているのも自分です。

教師はその子の幼少期からの学びの様子は知りません。学習指導要領と教科書から、その単位時間に使用できる一般的な教材等ないしはこれまでの教職経験や授業実践経験から一般的な子どもたちの躓きに対応できる教材等を準備す

るだけです。

　教師の用意した教材等についての予備知識をどれだけ持っているかを一番よく知っているのは子ども本人です。教師の用意した教材等をどうやって使うことができるのか、その教材等に関する安全性、使用したときの自分に対する有効性、有用性を一番よく知っているのも子ども本人です。

　教師が用意した教材等に対して、その使用に関してどの子がどのような予備知識をどれだけ持っているのかを教師はほとんど知りません。その教材を使ってどのようなペース配分をしたら、全員が目標達成できるのかもおそらく知りません。いかに単位時間の中で収めるかを検討することが優先されることが一般的です。

　教師はよく、「子どもにとって最善な方法です」と言います。しかし、そのときの「子ども」というのはいったい誰のことを指しているのでしょうか。おそらく、それまでのその教師の授業実践経験に基づいた経験値から来る抽象的な概念ではないでしょうか。「子ども」と表現できるプロトタイプはいませんし、「子ども」として十把一絡げにされたら「子ども」の能動性は高まることはありません。

● どこまで成したら OK かを示すこと

　そして、教科の授業で、子どもたちがどこまで成したら OK なのかをはっきりさせることです。

　つまり、子どもたちに対して、どこまでやったら今日の勉強が終わりなのか、その合格ラインや合格基準を、子どもたちに誤解のないように伝えることです。これが抽象的であったり誤解されたりするようであれば、もうそれだけでアウトです。

　さらに、子どもたちに対して、どこまでやったら今日の勉強が終わりなのか、その合格ラインや合格基準が決まっていたら、単位時間の授業の最初に必ず、子どもたちに伝えることです。これが授業の途中や授業の終わりに伝えるようなことであれば、もうそれだけでアウトです。

　そしてもう一つ重要なことは、それが自己評価できることです。教師に点

検してもらわなければ合格したかどうかが分からないものであれば、アクティブ・ラーニングとしては、アウトです。算数・数学、音楽、図画工作・美術、体育、保健体育、家庭、技術・家庭は、その意味においてパフォーマンス等を伴うので合格できたかどうかを自己評価しやすい教科であると言えます。

　たとえば、理科の場合、中学校第３学年で「化学変化とイオン」の内容があります。そこでは、

　「酸性の水溶液とアルカリ性の水溶液にはそれぞれどのような性質があるのか、説明することができる」という目標を出すことがよくあります。

　何をどこまで説明できたら合格になるのでしょうか。それが、探究活動に入る前に子どもたちに誤解されないように伝わらなければなりません。観察、実験の結果を使って説明して合格になるのであれば、

　「酸性の水溶液とアルカリ性の水溶液にはそれぞれどのような性質があるのか、実験の結果を使って説明することができる」とした方が、誤解されずにすみます。どのような観察、実験の結果を使うのかがはっきりしているのであれば、「酸性の水溶液とアルカリ性の水溶液にはそれぞれどのような性質があるのか、２つの試薬、金属との反応、通電実験の結果を使って説明することができる」とします。

　合格基準の分からない授業では、獲得すべき力が分かりませんから、永遠に見かけのアクティブ・ラーニングのままです。

3. 真のアクティブ・ラーニングへ近道する時に必要なこと（欠いてはならないこと）が30年後を担う子どもたちの能力を育てる？

● 全員の目標達成が認知的能力、倫理的能力、社会的能力を育てる

　私たちが仕事をするときに能動的になる6つの要因のうち、最後の第6の要因も、教科の授業で行うアクティブ・ラーニングを真のアクティブ・ラーニングにするときに当てはまります。実はこれが、真のアクティブ・ラーニングへの近道をする上でなくてはならないものなのです。

　教科の授業で評価するときに必要なことが3つあります。

　1つ目は、全員が目標を達成したかどうかを評価することです。だからこそ、クラスがチームであること、自分が一人じゃないことを実感できるのです。目標達成できないクラスメイトがいたら、自らの良心に訴え、その子と一緒に目標達成できるように助けようとするからです。

　2つ目は、全員が目標を達成したかどうかを評価した結果を子どもたち全員に知らせることです。教師が知っているだけでは意味がありません。誰が目標を達成できずに困っているのかを誰一人として知らない子がいなくなることが重要であり、それだからこそ、「チームで学修する力」を発揮しようと試みが始まるのです。

　3つ目は、リフレクションを促す語りをすることです。全員の目標達成のために自分には何ができたのか、そのための自分は正しい姿だったのかをリフレクションさせることによって、次の自分をメタ認知させるからです。そのことが、同じ教科の次の単位時間及び他の教科の授業に生かそうと汎用性を高めることにつながるからです。

　ところで、真のアクティブ・ラーニングにするためには、特に、「全員の目標達成を求めること」が必要です。その理由は3つあります。

　一つは、全員の目標達成を求めることが、教科の単位時間の学習内容に関して、すべての子どもたちの認知的能力、教養、知識、経験を獲得することにつ

ながるからです。

　一つは、全員の目標達成を求めることによって、教科の単位時間の授業の中で、倫理的能力を育てることができるからです。

　誰にでも苦手な教科があります。苦手な教科の授業は、できない、分からないの連続で辛いものです。その結果、目標を達成できません。そんなふうに、目標を達成できずに辛くて困っている子どもがいたとしたら、まわりの子どもたちはどうするでしょうか。

　教師が本気になって「みんなができることが大切だ」と繰り返し語っていたとしたら、まわりの子どもたちは、一人二人と良心に従ってその子をなんとかしようと働きかけます。見て見ぬふりはしませんし、放っておくことはしません。決して排除することはありません。もし、自分がその立場になって相手にされず排除されたとしたら、とてもいたたまれませんから。それが倫理的能力を育てます。リフレクションを促す語りの繰り返しが倫理的能力の汎用性を高めます。

　一つは、全員の目標達成を求めることによって、教科の単位時間の授業の中で、社会的能力を育てることができるからです。

　みんな違っていて当たり前ですから、理解の仕方も千差万別です。クラスの中には自分が教えても分かってもらえないのに別の子が教えるとあっという間に分かる子がいます。みんな違っているからこそ、誰にでも相性の良い相手（ゲート・キーパー）がいます。その子にはその子にとっての相性の良い相手がいます。クラスの全員が、特定の人とだけ相性が良いなどということはあり得ません。相性が良い相手が誰なのかは、その子本人にしか分かりません。

　教師が本気になって「みんなができることが大切だ」と繰り返し語っていると、子どもたちはみんなができるために、誰が誰と相性が良いのかを探り始めます。うまくいかなくても、自分たちで考えて、自分たちでもう一度試みます。みんなができるために、何度も繰り返します。トライ・アンド・エラーを繰り返し、社会的能力、つまり「チームで学修する力」を育むのです。リフレクションを促す語りを繰り返すことによって、社会的能力つまり「チームで学修する力」の汎用性が高まります。

4. 真のアクティブ・ラーニングへ近道するためには何が大切なの？

● 大切なのは2つの考え方と、それに伴うもう一つの考え方

　真のアクティブ・ラーニングにするために大切なことは、教育に対する3つの考え方、つまり教育観をしっかり持つことです。

　一つは子どもたちに対する考え方です。一つは学校に対する考え方です。そしてその2つの考え方から導き出されるもう一つの考え方が授業に対する考え方です。これらの3つの教育観を持つことで、真のアクティブ・ラーニングへ近道をすることができます。

　それでは、この3つの考え方とはどのような考え方なのでしょうか。

● 子どもの有能な力を信じて任せること

　1つ目は、子どもたちは有能な力を持っているという考え方[20]です。子どもたちは有能な力を持っているのですから、その力を信じて任せることです。

　教師にとってはこれがなかなか難しいことです。どうしても子どもたちの力を信じ切れずに任せられないことが多く生じます。

　しかし、考えてみてください。

　私たちが新採用の教員だったとき、初めて教科の授業をしたときに後ろでいつも校長先生が見ていましたか？　初めての学級担任の学級活動の時間のとき、後ろで校長先生が点検していましたか？　答えはノーです。

　校長先生は、新採用で初めてなのに私たちの力を信じて任せてくれたのではないですか。校長先生から見たら、間違いなく、頼りなくて心配で仕方がなかったかもしれないのにです。

　仕事が分からなくて困ったときはどうしていましたか？　いつも校長先生に相談に行きましたか？　これも答えはノーです。同じ学年部の先生や同じ教科の先生に質問しながら、ノウハウを覚えていったのではありませんか。ここでも校長先生は学年部や教科部がチームで協働して解決してくれると信じてくれていたのではないですか。

私が教頭職のときは、いずれも先生方を信じて任せました。

子どもたちも私たち同様に、素晴らしい有能な力を持ち合わせています。自分で前に踏み出す力もありますし、自分で考え抜く力もあります。チームになれば、一緒になってなんとかして解決しようと協働できる力も持っています。これらは構成主義学習論の学術的背景に裏付けられています。

確かに大人と子どもでは違うかもしれませんが、未知の問題に向かって解決しようとする能力は同等です。それまでの経験や既習事項を基にしてなんとか解決に至ろうと知恵を絞ります。一人でダメなら、クラスメイトが何人も助け合います。それが能動性を高めます。信じて任せてもらえないところに能動的な学修は生まれないと思っても良いです。

このように、子どもたちに対する考え方を変えることです。それによって、30年後を担う子どもたちの、前に踏み出す力や考え抜く力をどんどん育てます。子どもたちの有能な力を信じて任せることが、真のアクティブ・ラーニングにするのです。

● 多様な人と折り合いをつけて学修する良さを実感し、同僚性を学ぶことを共有すること

2つ目は、学校というところ[21]は、多様な人と折り合いをつけて自らの目標を達成する経験を通して、その有効性を実感し、より多くの人が自分の同僚であることを学ぶ場であるという考え方です。このことを子どもたちと共有することです。

子どもたちにとっては、これがなかなか難しいことです。どうしても、自分と多様なクラスメイトとの折り合いを付けることができないことが多く生じます。

しかし、考えてみてください。

一般社会の中で、多様な人と折り合いをつけることができなかったらどうなりますか。より多くの人が自分の同僚だと思うことができない状況が生じていたらどうでしょうか。

折り合いを付けるということは、自分の持っている考えや文化と異なる考え

や文化を持っている人との間に生じるコンフリクト（葛藤、衝突、対立）を和らげたり解消したりしながら調整することです。折り合いを付けられなくなったら、個人間のコンフリクトや集団間のコンフリクトがくすぶり続け、争いに発展しかねません。そうなると、自分の持っている考えや文化と異なる考えや文化を持っている人を排除してしまうことに至るかもしれません。

自分の持っている考えや文化と異なる考えや文化を持っている人との間に生じるコンフリクトを和らげたり解消したりできない、つまり多様な人と折り合いを付けることのできない集団にいると、やがて排除されてしまいかねません。そのような集団では居心地は良くありません。考えや文化の異なる人を排除する集団には、自分の居場所を見つけることは困難です。人は集まりません。その集団から逃れようとして逃げ出してしまいます。それらはどこで学ぶのでしょうか。

学校です。多様なクラスメイトと折り合いをつけることのできない集団では、やがて考えの異なるクラスメイトを排除しかねません。そのようなクラスでは居心地は良くありません。考えの異なる人を排除するクラスには、自分の居場所を見つけることは困難です。できれば、そのクラスから逃れたいものです。

一方、自分の持っている考えや文化と異なる考えや文化を持っている人との間に生じるコンフリクトを和らげたり解消したりすることのできる集団、つまり多様な人と折り合いを付けることのできる集団ではどうでしょうか。

いろいろな考えや文化を持っていても、折り合いを付け合って認めてもらえます。相互に承認され、相互に信頼されるようになります。一人も見捨てられず、誰も排除されません。

そのような集団ならば、誰でも居心地の良さを感じます。一人も見捨てられない集団ですから、自分の居場所を感じることができます。人は、一人も見捨てない人やその集まりである集団の所に集まります。

学校でも同様です。多様なクラスメイトと折り合いをつけることのできる集団では、一人も見捨てられず、誰も排除されません。そのようなクラスでは居心地の良さを感じます。考えや文化の異なる人であっても一人も見捨てられないクラスには、自分の居場所を感じます。できれば、そのクラスにずっといた

いものです。

それが、自分の得につながります。自分が得するのは、集団自体が得な集団になっている、つまり一人も見捨てられない集団でそこに所属していれば自分の心の安定を保ってくれていて居心地の良さを感じさせてくれる集団になっているからこそ、その得を自分が享受できるのです。

そう考えると、一人も見捨てられない、誰も排除されない集団を、自分が作っていかなければなりません。もちろん、その集団づくりは自分一人でできるものではありませんから、すべての構成員で協働して作る必要があります。そのために自分のできることを考え判断し、行動としていくことが求められます。その能力が、倫理的、社会的能力であり、30年後を担う自分に必要な前に踏み出す力、考え抜く力、そしてチームで働く力であると言えます。

30年後を担う子どもたちには、多様な人と折り合いをつけてチームとして目標に向かって協働することのできる能力をぜひ持って生きていくことが求められています。それらをどこで学ぶのでしょうか。学校です。

学校はそのような能力を付けるのに絶好の機会と場を提供しています。

考えてみてください。

学校で学ぶ教科における理解の仕方は、みんな違っていて当たり前です。その違っていて当たり前の理解の仕方を持つクラスメイトと協働して、全員の目標達成を果たすことが求められます。

そこでは、否が応でも、お互いの理解の仕方の違うところに生じるコンフリクトを和らげたり軽減させたりしながら、目標達成に向かう必要が生じます。子どもたちは、それらのコンフリクトをどのようにして和らげたり軽減したりしたら良いのかを、自分で考え判断し、調整していきます。そのために、どのようにして関わり合いながら折り合いを付けたら良いかを学びながら、教科の目標達成に向かいます。

その意味においては、理解の仕方が違っていて当たり前の教科の授業で学ぶことこそが、多様な人と折り合いをつけて自らの目標を達成する経験を通して、その有効性を実感し、より多くの人が自分の同僚であることを学ぶところなのです。

80

　教科の授業を通じて修得した経験が、30年後を担う子どもたちが30年後の未来で生きるときに大いに役立つことになります。

　したがって、学校というところがどのようなところなのかという考え方を、子どもたちと共有することが大切になってきます。

　このように、私たちは学校に対する考え方を変えることです。これらは社会的構成主義学習論や文脈依存性の学術的背景に裏付けられています。考えや文化の異なるクラスメイトと折り合いを付ける繰り返しの経験が倫理的、社会的能力を育て、その汎用性を高めるのです。

● 教師の仕事は、目標の設定、評価、環境の整備

　3つ目は、教師の仕事は、教科の授業において、授業の目標を設定すること、それが全員達成できたかどうか評価すること、そして子どもたちが目標達成に向かうために自分で自由に選択することのできる環境を整えることであって、教授（子どもから見れば学習）は子どもに任せるという考え方です。

　教師にとって、これは少し難しいことです。どうしても「教師は教えることが仕事だ」「教師が教えなければ子どもは育たない」「基礎基本はしっかり教えなければダメだ」という考えが先行します。

　しかし、考えてみてください。

　「子どもの有能な力を信じて任せること」のところでも述べましたが、私たちが新採用の教員だったとき、校長先生は朝から晩まで私たちにつきっきりで教えてくれましたか？ 先生方が成長したのは、校長先生がつきっきりで教えてくれたからですか？ 教師のイロハは校長先生が教えてくれましたか？ 答えはノーです。

　部活動を経験した方も多いでしょう。そのときのことを思いだしてください。顧問の先生が最初から最後まで、あなたにつきっきりで教えてくれましたか？ 大会で勝てたのは顧問の先生が逐一指示してくれたからですか？ 次のサーブはこれにしろ、ボールが飛んできたらこうしろという具合に細かく指示してくれたおかげですか？ 答えはノーです。

　自分でなんとかしたはずです。本を買ってきて読んで、先輩の様子を見て、

隣のクラスの学級担任がやっていることを真似てみて、それなりにできるようになっていったのではないですか。

　先に述べたとおり、あなたが有能だったように、子どもたちも有能です。有能な子どもたちが活動する時間をとればとるほど、子どもたちは能動的に学修します。あなたが、教えたと思っていても子どもたちが全員学んでいるかどうかは分かりません。教師が教えたと思っていることと子どもたちが学んでいることがずれることはよく知られています[22]。教えたと思っていても子どもたちが教えてもらったと思っていないこともよく知られています[23]。教師が能動的になって教えても、子どもたちが能動的に学ぶとは限りません。私たちの授業に対する見方を変えて子どもたちに任せるからこそ子どもたちが能動的になれるのです。授業では子どもたちが能動的に学ぶのを見守ることが何よりです。

　それでは、真のアクティブ・ラーニングの授業はどのように実践するのでしょうか。

注
20)　三崎隆：『学び合い』入門 — これで、分からない子がだれもいなくなる —、186p、大学教育出版、2010。
21)　西川純：『学び合い』スタートブック、144p、学陽書房、2010。
22)　西川純：なぜ理科は難しいと言われるのか、127p、東洋館出版社、1999。
23)　三崎隆・西川純・川上早苗・桐生徹・水落芳明：『学び合い』の考え方による授業を評価する手法の有効性に関する研究、臨床教科教育学会誌、13（1）、101-109、2013。

5. 真のアクティブ・ラーニングへ近道する授業はどんな授業なの？

● 真のアクティブ・ラーニングは一人も見捨てない授業

　真のアクティブ・ラーニングにするには明快な特徴があります。それは、一人も見捨てないことを求めることです。教科の授業で一人も見捨てないことを求めると、良心に従って分からない子をなんとかしようとする子どもたちが増え、チームでなんとかしようと関わる子どもたちがどんどん現れます。それはまさに教科の授業で倫理的、社会的能力とその汎用的能力を育てることです。教科の授業で分からなくて辛くて困っている子を一人も排除せずにチームで助け支え合いながら学修できるようにするために目標の中に「全員が〜できる」あるいは「みんなが〜できる」を入れます。それでは、「みんなが〜できる」ことを目標に掲げる真のアクティブ・ラーニングの授業はどのように展開するのでしょうか。

（１）　最初の語り（5分）

　授業の最初に、その教科の単位時間の目標を板書します。液晶プロジェクタ等で投影しても OK です。子どもたちの探究する時間を長く確保すればするほど効果が上がりますから、板書でなくてプリントに書いて配っておくことができます。

　単元分をまとめて印刷して、事前に配っておけばもっと効率的な時間の使い方ができます。そうしておくと、予習をしてくる子どもたちが現れます。「勉強しなさい」と言わなくても勉強してきてしまいます。

　黒板に、ネーム・プレートを用意しておくことも、真のアクティブ・ラーニングにするための有効な手立ての一つです。表と裏で色の異なるネーム・プレートならば、目標を達成したときに裏返します。黒板の一角に「できた人コーナー」を作っておくこともできます。その場合は、目標を達成した人がネーム・プレートを「できた人コーナー」に移動させます。

　このようにすると、子どもたち自身が、誰ができて誰ができてないのかが分かります。この時大切なことは、誰ができていないのかを全員が知ること

です。まだできていない子にどのようにして相性の良い相手（ゲート・キーパー）を探してあげられるかを全員で考えるのです。それが「チームで学修する力」を育て、全員の目標達成を成し遂げます。

　教卓の上には教師用指導書等の資料、パフォーマンスが必要な教科は教材・教具等を置き、黒板には目標に対する答えを一部だけ掲示します。子どもたちはこれによって自己評価（答え合わせ）ができます。

　準備が整ったら、教師が目標を語ります。短くてかまいません。教師の語りを聞いていない子は、探究活動が始まるとちゃんと聞いていた子が助けようとします。このとき大切なことは、「全員が目標を達成することが大切である」ことを自分の言葉で繰り返すことです。

（2）　探究活動を子どもたちに委ねる（約35〜40分）

　それが終わったら、「はい、どうぞ」と探究活動を子どもたちに任せます。最初は、一人で頑張ったり、いきなり動き始めて友だちと一緒に話ながら取り組んだりしながら、自分の目標達成を目指します。10〜15分ほどすると目標を達成できた子が現れます。そうなると、その子どもたちを中心に輪が広がります。分からなさそうにしている子や困っていそうな子を「分からない人いませんか」と探して見つけて教え始めます。

　子どもたちは数人のグループになって教えたり教えてもらったりしますが、そのグループで問題が解決したら、そのグループを解消して他の友だちを探して新しいグループを作ります。その繰り返しです。ネーム・プレートでできた子どもたちが増えると、子どもたちの動きは全体に広がります。教師がどこにいるのか分からない状態になります

（3）　最後の語り（5分）

　活動に入る前に「○時○分まで」と決めておくと、子どもたちは自分で席に戻ります。黒板のネーム・プレートや確認テストによって、全員が目標を達成したかどうかを評価します。その結果を全員に還元して、できずに辛くて困ったまま終わってしまった子がいないかどうかみんなで確認し合います。最後に、リフレクションを促す語りをします。

6. 真のアクティブ・ラーニングへ近道すると、実際の授業はどんなふうになるの？

① 最初の語り（5分）

→ 活動の終了時刻を板書します。「学び合いの達人になろう！」を貼ります。黒板の一角には全員分のネーム・プレートを準備します。

← 今日の授業の目標とゴールを板書します。「みんなができることが大切だ」と語ります。

みんなに自分の考えを聞いてもらおう。
「ちょっと聞いてくれる？」
考えのコツを教えてもらおう。「どうやるの〜？」
考えのコツを教えてあげよう。「一緒に考えよう」

② 探究活動を子どもたちに委ねる（約35〜40分）

↑ 教師の「はい、どうぞ」によって、子どもたちの探究活動が始まります。

↑ 数人のグループになって、一緒に学びます。

第4章　真のアクティブ・ラーニングへの近道は？　85

→ 向こうにもこちらにもグループができて、OK になると解消され、また新しく別なところにできます。

← 「分からない人はいませんか？」と、困っている友だちを探して、立ち歩きます。

→ 分かる子できる子がどんどん増えていきます。「チームで学修する力」が発揮されます。

← やがて、学びの輪がどんどん広がります。

③　最後の語り（5分）

← 時間になると席に戻ります。最後に全員の目標達成を評価して、みんなでその結果を確認します。そして、みんなができるために自分には何ができたのかをリフレクションします。

（小学校第4学年算数の授業を例に）

7. 真のアクティブ・ラーニングへ近道するために、教師はどんな 語りをするの？

（1） 最初の5分、最初の語りはどうするの？

　授業の最初には、教科のその単位時間の目標を語ります。それに続けて、**「学校の授業は「みんなで助け合ってみんなが目標達成できる」ことが大切です。自分には何ができるか考えながらやってみましょう。」と語ること**です。アクティブ・ラーニングに限らないことですが、教科の授業では特定の子どもたちだけの認知的能力を育てることを目指しているものではなく、全員の目標達成を目指すものです。したがって、**「みんながができることが大切だ」と繰り返し語ることが大切**です。

（2） 探究活動を子どもたちに委ねたら約40分間何を語ったらいいの？

　「はい、どうぞ」で子どもたちの活動が始まったら、教師が語るポイントは4つです。

　1つ目は、**子どもたちに判断を任せるように語ること**です。

　子どもたちは有能です。任せれば任せるほど、持てる力を発揮します。

　全員の目標達成のためには集団として個人としてどうすることが必要なのか、そのために自分には何ができるのかを自分で考え判断して、行動しなさいという教師のメッセージを子どもたちに送るのです。

　そのためには、活動が始まっているときに子どもたちにさせたいことがあったら、「〜しなさい」や「〜しましょう」ではなく、**「〜していいんだよ」と語る**ことです。実際に行動するかどうかは、子どもたちが自分で考え判断して決めることです。その行動が必然性を持っているかどうかを子どもたち自身が考え、必然であると判断すれば、アクションを起こします。

　したがって、探究活動を子どもたちに任せた後、教師に必要な言葉は、

　「おしゃべりしていいんだよ」

　「席を立って動いていいんだよ」

　「『一緒にやろう』ってやっていいんだよ」

の３つで十分です。もし、子どもたちの中に、行動を起こそうか止めようか迷っているような様子が見られる子どもたちがいたら、「遠慮してる？ 遠慮しなくていいんだよ」と語ってあげれば OK です。

２つ目は、**自分の得になることを語ること**です。

誰にでも得意不得意があり、理解の仕方はさまざまですから、分からない子やできない子はいます。クラスの中の誰か一人が、分からなくて辛くて困っている子を見捨てたら、それに追随する子が一人二人と必ず現れます。追随する子の人数がだんだん多くなります。見捨てるという行為は、意図的に無視したり無意図的でも結果的に相手にしなかったりすることです。

そうなると、集団が崩壊します。集団が壊れると、その集団は人を見捨てる集団になります。そうなったら、いずれ自分も見捨てられる（無視されて相手にされなくなる）ようになることが十分に予想できます。

それは、自分にとっては得になりません。自分の得にならないことは避けなければなりません。その状態に至る前に、自分から得にならない状況に陥ることを避けるように行動を起こさなければなりません。それが自分の得を導くからです。

そのためには、一人も見捨てられない集団を自ら率先して作らなければなりません。それを作るためには分からなくて辛くて困っている子がいたら、見て見ぬふりをしたり放っておいたりせずに（無視したり相手にしないようにしたりせずに）助けてあげることが自分の得になります。

自分が辛くて困ったら、遠慮せずに助けを求めることです。それが自分の得になる上に、一人も見捨てられない集団を作るからです。

たとえば、「分からなくて困っている人がいるみたいだけど、それを知っていて放っておくことはどうかなあ。それって友だちにとっては見捨てられてることだよね。友だちを見捨てるようなみんなでいいのかなあ。自分の得にならないよ」と語ります。

また、随所で「一人を見捨てる集団は必ず二人目を見捨てる。二人目を見捨てる集団は三人目を見捨てる。次は自分かもしれない。人を見捨てるそんな集団にいたいかな。クラスはチーム。全員の目標達成を目指そう」と語れば効果

観面です。

3つ目は、**クラス全体に語ること**です。

気になる子はどうしても現れます。しかし、その気になる子たちを個別指導はしません。教師の言わんとすることを理解してくれる子どもたちがクラスの中には必ず、2割〜3割はいますから、その子たちの心に響く語りをします。

そのときには、気になる子を凝視せず、クラス全体を見るようにして語ります。気になる子のことをじーっと見ながら語ったら、教師から気にされている子は「あ、先生は自分のことを言っているんだな」と察知します。気になる子の周りにいる子どもたちは、教師の目線から「あ、先生はあの子のことを言っているんだな」と察知します。

子どもたちに察知されると、気になる子を注意するのは教師の仕事だと子どもたちに伝わりますから、子どもたちが自分で考え判断し、気になる子へのアプローチしようとする行動を躊躇するようになります。

たとえば、授業の途中で遊び始める子どもたちが現れる可能性は十分に考えられます。アクティブ・ラーニングは子どもたちが能動的になる授業ですから、能動的に遊ぶ子どもたちも出てきます。能動的になるほど授業中の子どもたちの活動の自由度が増しますから、休憩時間の姿がそのまま表出する場面が多くなるのはやむを得ません。

そんなときは、遊んでいる子どもたちを直接指導せずに、自由にさせて、遊んでいる子どもたちがいるということをクラス全体に分からせます。そして少し大きめの声でクラス全体に「**あれ、遊んでいる人がいるようだけど、みんなは知っているかなあ。先生はみんなができることが大切だと繰り返し言っているんだけど、遊んでいる子に『一緒にやろう』って声かけなくていいのかなあ。声かけていいんだよ**」と語ります。

4つ目は、**クラスの中で起きているできごとをみんなで共有できるように語ること**です。

全員の目標達成のためには、今、誰がどのような状況になっているのかについての子どもたち同士の情報の共有化が必須です。教師が知ることではありません。それを基にして、子どもたち同士で助けたり助けを求めたりするからです。

そのために、私たちは可視化と呼ばれる語りをします。少し大きめの声で、全員に聞こえるように語ります。たとえば、「あれ、1番の問題が間違っている人がいるなあ。クラスの中にはできている人がたくさんいるんだけどなあ」とか、「おーっ、2番の問題を分かりやすく説明している人がいるね。他の人も1回聞いてみるといいのになあ」といった具合です。

自分が1番の問題を間違えているのかどうかを、子どもたちは自分で考え判断し、答え合わせをしたり周りの友だちと相談したりし始めます。自分が2番の問題をやっている途中だったら、「えっ、誰が分かりやすく説明できるんだろう」と思って、席を立って誰なのかを探し始めます。知らず知らずのうちに、子どもたち同士が関わり始めてしまいます。

教師がいちいち、「○さんのところに行って教えてもらってきなさい」などと言わなくても、子どもたちが自分でちゃんと行くようになります。

アクティブ・ラーニングでは全員の目標達成を強く求めます。クラスが全員目標を達成するためには、クラスの中で誰ができていて、誰がまだできていないのかを知らなければなりません。それも、知らない子が誰もいなくなることがより効率的です。先に紹介したネーム・プレートとともに、この可視化が役に立ちます。

この可視化によるクラス全体への情報提供によって、クラスの全員のうち、誰ができていて誰がまだできてないのかを知ることになります。誰のところに教えに行ったら良いのか、誰のところに教えてもらいに行ったらよいのかが分かります。もっと言えば、誰が誰にとって相性の良い相手なのかのヒントをもらえることにもなります。

5つ目は、最後にできていればOKだということを語ることです。

授業をする前から、その単位時間の学習内容を完璧に理解できている子どもたちはほとんどいません。分からないところからのスタートです。誰しも分からないことがあるから、それを解決して理解できるようになろうとして勉強するのです。誰も、すでに分かっていることを勉強しようとは思いません。ですから、最後にできていればOKです。

途中で分からなくてもかまいません。途中で間違えてもかまいません。そ

れは勉強の途中だからです。理解の仕方は人によって異なりますから、1つ聞けば10個分かるようになる人もいれば、20個聞いて初めて10個が分かる人もいます。一度立ち止まって考える人もいますし、立ち止まったときに自分の学んできた道を振り返る人もいます。それまで自分が学んできた辿り道を、前に戻ってもう一度やり直してみる人もいます。ゴールへの向かい方やペース配分は、みんな違って当たり前なのです。だから、途中で分からなくても、途中で間違っても何も心配することはないのです。それは、10個聞かないと分からないのに、まだ2つしか聞いていない状態なのかもしれません。間違えたからこそ、今まで知らなかった新しい分かり方や新しい発見があるかもしれません。今、自分がどのような状況にあるのか、何が自分にとっていちばん良い方法であり何が一番良いゴールへの向かい方なのかは、分からない人にしか分からないのです。

　また、誰かから教えてもらって、1回で分からなくてもかまいません。それも、勉強の途中だからです。私たちの理解の仕方は千差万別ですから、教えてくれようとしている人と相性が良いかどうか（自分にとってのゲート・キーパーになり得るかどうか）は分からない子にしか分かりません。教えてくれた人との相性が合わなかっただけのことです。

　教えてあげようとしたときにも同じようなことが起こります。一生懸命教えているのに1回で分かってくれないことがあります。それも、相手との相性が合わないだけのことです。

　たとえば、「勉強は、最後に分かっていたらいいんだよ。途中で分からなくても間違えても、それは勉強の途中なんだから、不思議じゃないよね。だから、安心して勉強しよう」のように語ります。

（3）　最後の5分、最後の語りはどうするの？

　授業の終わりには、クラスの全員がその日の目標を達成できたかどうかを確認します。もちろん、教師が確認するだけではなく、子どもたち全員が確認します。

　その後に、「今日の授業で「みんなが助け合ってみんなが目標達成できる」ことを大切にできましたか？　自分に何ができたか振り返ってみましょう。そ

れを基にしてこの次の授業も頑張りましょう」と、全員の目標達成のために自分に何ができたかリフレクションを語ることです。

それに加えて、第3章の「アクティブ・ラーニングは教科の授業で『今日は人として正しい姿か？』を問う授業」の所に書いた語りをします。

アクティブ・ラーニングでは、全員が目標を達成したかどうかを子どもたちみんなで確認し、その後、リフレクションをすることが大切です。

自分一人の力で目標を達成できる子もいますが、頑張っても自分一人では目標を達成できない子もいます。後者の子の場合、クラス集団の中で勉強の相性の良い相手に巡り会ったり周りの子どもたちから励ましてもらったりすることによって目標を達成します。

したがって、クラスの子どもたちがいかにしてそのような子どもたちに関わって「チームで学修する力」を発揮できたのかが重要となります。

もし、全員の目標達成が果たせたとしたら、何が良かったのでしょうか。それは教科によっても違いますし、単元や内容によっても違います。良かった行動が明らかにできれば、次の授業でもさらに発揮することができるようになります。

その行動には、倫理的な要素もあれば社会的な要素も含まれています。その単位時間をメタ認知できれば、それは、まさにアクティブ・ラーニングで求められている倫理的、社会的能力の育成です。そしてそれが次の単位時間に発揮できるように継続する意志と決断と行動が伴えば、まさに汎用的能力の育成です。それを語ります。

一方で、全員の目標達成が果たせなかったとしたら、何が足りなかったのでしょうか。それが明らかにできれば、次の授業で改善する方策を子どもたちが自分で考え判断し、新たな行動として取り組むことができます。これも先と同様、倫理的な要素も社会的な要素もあります。その単位時間をメタ認知できれば、それは、まさにアクティブ・ラーニングで求められている倫理的、社会的能力の育成です。そして、それが次の単位時間に発揮できるように継続する意志と決断と行動が伴えば、まさに汎用的能力の育成です。それを、子どもたちに分かりやすく語ります。

8. 真のアクティブ・ラーニングへ近道すると授業が変わるの？子どもたちが変わるの？

● 学力と学級満足度上昇、人間関係良好、気になる子がいなくなる

　私たちは真のアクティブ・ラーニングと言える授業に、これまで長い間取り組んできました。私たちは、その授業を『学び合い』（二重括弧のまなびあい）と呼んでいます[24]。

　『学び合い』（二重括弧のまなびあい）は、20年近くに及ぶ研究の間に蓄積された学術データとそれに基づいた膨大な実践データによる実証の結果に基づいているものです。現在、全国各地でたくさんの教師によって『学び合い』（二重括弧のまなびあい）の実践が数多く行われています[25]。研究会が開催されたり授業参観がOKだったりする学校もあります。

　なぜ、『学び合い』（二重括弧のまなびあい）が真のアクティブ・ラーニングと言えるのでしょうか。それには理由があります。

　一つには、『学び合い』（二重括弧のまなびあい）の目的と意義が、アクティブ・ラーニングの目的と意義に合致するからです。

　『学び合い』（二重括弧のまなびあい）の目的は、30年後を担う子どもたちが30年後の未来に、一人も見捨てられない共生社会で幸せに暮らすことです[26]。それは、人格の完成を目指し、平和で民主的な社会の中で幸せに暮らすこととも換言できます。意義は、30年後を担う子どもたちが30年後の未来に一人も見捨てられない共生社会を創ることのできる能力を習得するためです[27]。換言すれば、完成された人格により近づき、平和で民主的な国家及び社会の形成者として必要な資質を備えるためです。

　『学び合い』（二重括弧のまなびあい）は、30年後を担う子どもたちの30年後の未来の自分を語ります。これらは、まさにアクティブ・ラーニングにおける目的と意義と一体を成すものです。

　もう一つは、『学び合い』（二重括弧のまなびあい）による成果が、アクティブ・ラーニングによって求められている認知的、倫理的、社会的能力、教養、

知識、経験を含めた汎用的能力を育成しているからです。

　ここでは、真のアクティブ・ラーニングである『学び合い』（二重括弧のまなびあい）の授業によって、どのようにして認知的、倫理的、社会的能力、教養、知識、経験を含めた汎用的能力が育成されるのかについていくつか紹介します。

　○学力が向上する

　全員が目標達成することを求めているのですから、分からない子がいなくなってしまいます[28]。このことは、教科を問いません。どの教科においても言えることです。また、校種も問いません。小学校でも中学校でも高等学校でも言えることです。もちろん、小学校第1学年の児童でも高等学校第3学年の生徒でも言えることです。

　特に、教師がどのように指導法を工夫し、指導技術を駆使しても効果がなかなか現れないような勉強がよく分からない子どもたちがメキメキと力を付けていきます[29]。効率的に目標を達成できる子どもたちは、そうでない子どもたちに説明してあげようとして説明の仕方を工夫することによってメタ認知できますから、よりいっそう力が付きます。

　アクティブ・ラーニングで求められている認知的能力、教養、知識、経験の修得、育成がまさにここにあると言えます。

　○コミュニケーション能力が向上する

　全員が目標達成することを求めていますから、目標を達成できない子どもたちがどこにいるのかを探して、どのような点に困っているのかを探らなければなりません。相性の良さを見つけなければなりません。その過程で否が応でもみんなと話をしなければなくなります。特に、会話の苦手な子どもたちの居場所ができ、会話できない子どもたちがいなくなってしまいます。コミュニケーション能力は、その修得を目的としなくても修得できます[30]。

　真のアクティブ・ラーニングをすると子どもたちが能動的に学ぶようになります。能動的に関わりながらコミュニケーションを図るのは、目標達成した子かしていない子かを調べてみると、有意差はありません[31]。つまり、目標が達成できた子も達成できない子も同じようにコミュニケーションを図っていま

す。チームで学修することを通して誰にでもコミュニケーション能力が修得されます。

アクティブ・ラーニングで求められている社会的能力の育成がまさにここにあると言えます。

○QUテストが100%になる

いわゆるQUテストは、やる気のあるクラスをつくるためのアンケートと居心地の良いクラスにするためのアンケートそして友だち紹介コーナー等があるアンケート調査です[32]。『学び合い』（二重括弧のまなびあい）の授業を受けている子どもたちを、継続的に調査してみると結果がどんどん良くなって100%になってしまいます。子どもたちの感じる学級満足度はぐんぐん上がってしまいますし、認めてもらえない子がいなくなってしまいます[33]。認めてもらえない子がいなくなるのですから、勉強も分かるようになります[34]。

学級満足度が上がって、居心地の良さをクラス全員が感じることができるようになるということは、子どもたち相互間の認識が良好であることの証であり、それは社会的能力が育っていることに他なりません。また、認めてもらえない子どもたちがいなくなるということは、相互に正しい倫理観が醸成されていることの証です。

アクティブ・ラーニングで求められている倫理的能力、社会的能力の育成がまさにここにあると言えます。さらに、居心地の良さや学級満足度がどんどん増すことを考えると、アクティブ・ラーニングで求められている汎用的能力が育成されていることが分かります。

○思考力、判断力、表現力が付く

『学び合い』（二重括弧のまなびあい）は、探究活動を子どもたちに任せます。子どもたちは全員の目標達成のために何ができるのかを自分で考え、必然であると判断した行動を始めます。目標達成できた子どもたちは「ちょっと聞いてくれる？」と自分の考えをみんなに聞いてもらいます。目標達成できていない子は「どうやるの？」とみんなからコツを教えてもらいます。教室のあちこちでは「一緒に考えよう」とグループになって学修します。その過程では、自分で表現し、判断し、行動します。クラスのみんなも自由に表現し、全員の

第4章　真のアクティブ・ラーニングへの近道は？　　95

目標達成のために何が必要なのかを判断し、必然と判断できる行動を起こします。考え、判断し、表現することが頻繁に自然発生して起こるのがこの授業です[35]。

　特に、相互に理解し始めるとオリジナルな問題を作って出し合う現象が現れます。自分で問題を作ってみんなに解いてもらうのです。子どもたちが自由に使える用紙を教室の片隅に置いて「『学び合い』の紙」と呼ぶと、子どもたちは自由にその用紙を使って、みんなと一緒に自由に考え、自由に表現し合って学修します。分からなかった子が分かるようになって活躍するのもこのような場面です。アクティブ・ラーニングで求められている社会的能力の育成がまさにここにあると言えます。

　○人間関係が向上する

　「QU テストが 100%になる」ところでも紹介したとおり、『学び合い』（二重括弧のまなびあい）では認めてもらえない子がいなくなりますから、人間関係が抜群に良くなります。その会話も相手を無視したり強制的に言い放ったりする内容がなくなります[36]。

　『学び合い』（二重括弧のまなびあい）はみんなができるようになるために、教科の授業で分からなくて辛くて困っている子どもたちを見て、助け合わない子が一人もいなくなってしまいます。それは、相性の良い相手を見つけることが頻繁に行われるようになって、分からなくて困っている子どもたちの分からなさが解決されるからに他ならないと言えます。困ったら助けてもらう、困っていたら助けてあげることが教科の授業で日常的に行われるようになったからです。

　アクティブ・ラーニングで求められている倫理的能力、社会的能力の育成とその汎用的能力が育成されます。

　○気になる子が一人もいなくなる

　授業中に気になる子は必ずいるものですが、その子どもたちがクラスメイトとの関わりの中で活躍するようになります[37]。特別な教育的支援を必要とする子どもたちの学びの居場所ができますし[38]、外国人の子どもたちの居場所ができます[39]。子どもたちの力は凄いものです。言葉のよく分からない外国

の子どもたちに対してもまったく臆することなく、身振り手振りで関わっていきます。「みんなができることが大切だ」ということをその子たちも分かっているからです。

　教師が気になる子はクラスメイトにとっても気になっています。ただ、気になる子を気にしている子どもたちは、その子は教師が面倒を見るものだと思っていることから、積極的に関わろうとしませんし声をかけようとせず、見て見ぬふりをしています。教師がクラス集団に対して、みんなができることが大切だと語ることによって気になる子を気にかけている子どもたちがチームで動きます。

　気になる子にとって居心地の良い居場所ができるのですから、アクティブ・ラーニングで求められている社会的能力とその汎用的能力を育成できます。

● 誰でもできてすぐに効果を実感できてマニュアルが揃っている

　ところで、あなたが何かを始めようと考えた場合、挑戦してみようかなと思うときはどんなときでしょうか。

　それは、誰にでもできること、すぐに効果を感じられること、困ったときに参考になるマニュアル等が揃っていることではないでしょうか。

　『学び合い』（二重括弧のまなびあい）は、教職経験がなく『学び合い』（二重括弧のまなびあい）の実践経験もない学生でも、考え方さえ享受できれば即時、効果を出すことができます[40]から、誰にでもできます。また、1回の授業でも教育効果が上がります[41]から、すぐに効果を実感できます。1回の授業で効果があるのですから、いつでも始められるとも言えます。4月から始めなければならないとか単元の最初からでなければだめだということはなく、始めようと思ったときからできます。

　さらに、困ったときには、巻末の「真のアクティブ・ラーニングへの誘いのための図書館」に、マニュアルとなる本がたくさんあります。ポータルサイト（http://manabiai.g.hatena.ne.jp/）も開設されていて、いつでも質問できる環境が整っています。

注

24)　西川純：『学び合い』スタートブック、144p、学陽書房、2010。

25)　毎年、8月には「教室『学び合い』フォーラム」が開催されています。
http://manabiai.jimdo.com/。

26) 27)　三崎隆：これだけは知っておきたい『学び合い』の基礎・基本、192p、学事出版、2014。

28) 30)　三崎隆：『学び合い』入門 — これで、分からない子がだれもいなくなる —、186p、大学教育出版、2010。

29)　林康成・三崎隆：『学び合い』授業と一斉指導教授型授業における学力下位層の会話ケースの分析による学びの様相の比較、臨床教科教育学会誌、15（2）、49-54、2015。

31)　三崎隆・小池佑貴・桐生徹・西川純・水落芳明：『学び合い』の考え方による理科の授業における立ち歩きの頻度と理解の関係に関する研究、臨床教科教育学会誌、12（1）、47-54、2012。

32)　河村茂雄：田上不二夫監修「楽しい学校生活を送るためのアンケートQ-U」実施・解釈ハンドブック小学校1～6年共通、図書文化社、2009。

33)　田中亜季・三崎隆・小松幹：理科における『学び合い』の授業に現れる児童同士の相互作用と人間関係に関する研究、臨床教科教育学会誌、12（2）、49-55、2012。

34)　酒井友輔・三崎隆：小学校理科の『学び合い』の授業における課題達成とQ-Uから明らかになる児童間の人間関係との関連性、そこに現れる会話内容に関する研究、臨床教科教育学会誌、15（2）、33-39、2015。

35)　三崎隆：どんな力が付いてしまうのか、『学び合い』兵庫の会（5/13）発表資料、2012。

36)　小谷竜平・田中亜季・小松幹・三崎隆：小学校理科における『学び合い』の授業に現れる児童同士の人間関係と会話内容の関係に関する研究、臨床教科教育学会誌、13（2）、15-21、2013。

37)　三崎隆・戸井田未菜・小松幹・西川純・桐生徹・水落芳明：理科授業における「気になる子」の『学び合い』の授業による変容に関する事例研究、臨床教科教育学会誌、12（1）、55-74、2012。

38)　増田雄樹・三崎隆：中学校理科の『学び合い』の授業における特別な教育的な支援を必要とする生徒の学びの実態に関する研究、臨床教科教育学会誌、13（2）、113-120、2013。

39)　小松幹・三崎隆：理科の『学び合い』の授業における外国人児童の変容に関する研究、臨床教科教育学会誌、09（2）、47-53、2009。

40)　三石梨沙・三崎隆：教師の『学び合い』の経験年数とその言動に関する事例研究、臨床教科教育学会誌、12（2）、83-90、2012。

41)　三崎隆・水落芳明・西川純：『学び合い』ライブ出前授業の学習者に対する教育効果、臨床教科教育学会誌、09（1）、67-74、2009。

9. 真のアクティブ・ラーニングを受けた子どもたちはどう思っているの？

「子どもたちに任せるだけで、そんなに効果があるの？」と不思議に思っている人も多いでしょう。にわかには信じがたいかもしれません。

それでは、真のアクティブ・ラーニングである『学び合い』（二重括弧のまなびあい）の授業を実際に受けた子どもたちの感想を紹介します。

○この前、三崎先生と授業をして、思ったことは、勉強も好きになったし、学び合いももっともっと好きになりました（小2女子）。

○今までは自分さえできていればいいやという考えだったが、1年間この授業を受けてみてみんなができてほしいという考えになった（高1男子）。

○学び合いのいいところは、問題の解けない友だちがいると、みんなが一生懸命ヒントをあげて分かるようにしてあげるところです。私は学び合いが大好きです。前から算数は好きだったけど、学び合いをしてもっと算数が好きになりました。私のヒントで友だちが分かるようになったときは友だちがうれしそうな顔で喜ぶので、私もうれしいです。私はこれからも、学び合いで友だちと楽しく算数の勉強をがんばりたいです（小4女子）。

○「分からない」ことを自分ではっきり「分からない」と言えることや、「分からない」ことを「分かる」まで誰かに聞くことはとても大事だと分かりました。だから、分かるまで聞いてみようということの大切さを教えられました。これからも学び合いを大切にして学習したいと思いました（中3男子）。

○学び合いをする前は、あまり分からなかったけど、学び合いをして、友達に教えてもらって分かるようになったから、楽しかったし、嬉しかったです（小5女子）。

○分からないところがあったらまず聞くようになりました。誰かに聞くということは恥ずかしいことではないという考えになりました（高1男子）。

第4章 真のアクティブ・ラーニングへの近道は？ 99

○授業を受けてみて、「この勉強の仕方だったら苦手な所もできる!!」と思いました。それに、授業を通して友達関係がよくなってきそうだな、と思いました。私は算数が苦手だけれど、しっかりできてよかったです（小5女子）。

○分からなかったら聞く。ベストパートナーを見つける。分かったら、分からない人に教える。黙ってても、座ってても始まらない。これって、日常生活にも生かせると思います。"学び合い"これからも大切にしたいです（中1男子）。

○私は小学校の時、みんな解けているのに私だけ解けなくてすごく悲しい思いをしたことがありました。「なんで解けないのだろう！」と、だんだん悲しみから焦りへ、そしてイライラへ繋がりました。ですが、先生のお話を聞くと、「分からない＝勉強に集中して取り組んでいる」ということだったので、「すごいなあ」と思いました。今までそんなこと言う先生はいませんでした。「分からないのは授業に集中して取り組んでいないから」と言われてきていたからです。（中略）まだ習ってないことがテーマだったので「解けるか心配」でしたが、友だちを通して教えてもらったりして、すごくいい時間だと思いました。これこそがまさに「分からない人がいたら助けてあげる」じゃないかと思いました。これからの授業もこのような「助け合いがあったらいいな」と思いました。素晴らしい時間であり、授業でした（中1女子）。

○この前、学び合いをしたときに、勉強があんまりできなかったけど、どんどん分かるようになってとってもおもしろかったです（小2男子）。

○回ってみると答えがわからない人は「なんでこうなるの？」「ああ、そうか」と言うまで聞く人がほとんどでした。分かっている人は相手が分かるように教え方を変えて話している人もいました。私は分からなかったので聞きにいってみると、その説明でしっくりきて納得ができました。こんなふうに納得できると授業が楽しく感じられました。「分からない人がいなくなる」ことでお互いに勉強し合えるのでいいなと思います（中2女子）。

真のアクティブ・ラーニングへの誘いのための図書館

本書では、真のアクティブ・ラーニングである『学び合い』（二重括弧のまなびあい）については、詳細に触れることはありませんでした。

ここでは、『学び合い』（二重括弧のまなびあい）についてもっと学びたいという方のために書籍をいくつかご紹介します。

読者の皆様の研修の参考にしていただければ幸甚です。最初からもう一度読み直す価値のある本ばかりです。まだ読んでいない方は、ぜひこの機会にあなたの図書館の1冊に加えてみてはいかがでしょうか。

〈三崎隆著〉

・『学び合い』入門 ― これで分からない子が誰もいなくなる ―、大学教育出版。

・これだけは知っておきたい『学び合い』の基礎・基本、学事出版。

・教師のための『学び合い』コミュニティのつくり方 ― 教師同士・学校同士のつながりを高める実践 ―、北大路書房。

・『学び合い』カンタン課題づくり、学陽書房。

・明日から使える『学び合い』の達人技術、大学教育出版。

〈西川純著〉

・「勉強しなさい！」を言わない授業、東洋館出版社。

・学び合う国語、東洋館出版社。

・クラスが元気になる『学び合い』スタートブック、学陽書房。

・クラスがうまくいく！『学び合い』ステップアップ、学陽書房。

・学校が元気になる！『学び合い』ジャンプアップ、学陽書房。

・クラスと学校が幸せになる『学び合い』入門、明治図書。

・会話形式で分かる『学び合い』テクニック、明治図書。

- 気になる子への言葉がけ入門、会話形式で分かる『学び合い』テクニック、明治図書。
- 子どもたちのことが奥の奥までわかる見取り入門、明治図書。
- 『学び合い』を成功させる教師の言葉がけ、東洋館出版社。
- 子どもが夢中になる課題づくり入門、明治図書。
- 簡単で確実に伸びる学力向上テクニック入門、明治図書。
- 『学び合い』で「気になる子」のいるクラスがうまくいく！、学陽書房。

〈水落芳明・阿部隆幸著〉
- だから、この『学び合い』は成功する！、学事出版。
- 成功する『学び合い』はここが違う！、学事出版。

〈青木幹昌著〉
- 成功する！『学び合い』授業の作り方、明治図書。

〈今井清光編／「THE 教師力」編集委員会著〉
- THE『学び合い』、明治図書。

あ と が き

　30 年も前の、私が大学院に所属していたころのことです。

　当時の指導教官は、その研究室に所属している院生たちに対して、これから
の教育研究の意義を語り、私たちに切磋琢磨しながらどんどん進めてかまわな
いことを推奨しました。そして、どれだけ進めたのかを定期的に評価していま
した。常に研究室の中で公開です。

　当時の仲間達とは、今でも当時学んだこと等を基にして議論することがあり
ます。大学院修了後、15 年経ったときに当時の仲間に誘われて、一緒に共同
研究の仕事をしたことがあります。30 年経った今でも、彼らとは年賀状を欠
かせませんし、一生涯の友として、会えば必ず教育研究の話題になります。

　今思えば、まさに、当時は、知らないうちにアクティブ・ラーニングの中心
にいたことに間違いありません。教育研究を通して人生の生き方を学び、生涯
の仲間を得ることができたのですから。私自身が、今で言うところのアクティ
ブ・ラーニングによって自主性と協働性を修得でき、その恩恵を最大限に享受
していたと言えます。

　現在、学校現場では、目の前の子どもたちを分かるようにするためにはど
うしたら良いかを日々考えて取り組んでいる教師が多いのではないかと思いま
す。おそらく、30 年後を担う子どもたちの姿など思い描いたこともないかも
しれません。

　しかし、これから始まるアクティブ・ラーニングは、まさに 30 年後を担う
子どもたちの姿を思い描くことがとても重要になるのです。30 年後に子ども
たちがどのように生きてほしいのかについてビジョンをもって、どのような子
どもたちになっていて欲しいのかを願いながら、目の前の子どもたちを育てて
いくことが求められます。それが、知らず知らずのうちに子どもたちの汎用的
能力を育むことにつながるからです。

　そのためには、子どもたちに対して、30 年後のビジョンとともに、学校で

あとがき　*103*

学ぶ意義それも学校で仲間と共に学ぶ意義を語り、子どもたちの力を信じて任せることです。それが、教科の授業において子どもたちの自主性と協働性を培ういちばんの近道なのです。

　今、日本の戦後最大の教育改革が進められようとしています。それも、文部科学省が本気になっていますから、待ったなしです。避けて通ることができないのなら、意を決して一歩前に歩みを進めましょう。何が何だか分からないままにさせられるよりも、積極的に自分から情報を得て、それこそアクティブに、真のアクティブ・ラーニングにチャレンジしましょう。それが自分にとっての一番の得になるのですから。

　最後まで読んでくださったあなたが、30年後を担う目の前の子どもたちを、30年後の未来に一人も見捨てられない共生社会を実現している人材として育てるために、我々と一緒に、自主的、協働的に歩みを進めてくれることを期待してやみません。

　なお、私たちの提案する真のアクティブ・ラーニング（私たちはそれを『学び合い』（二重括弧のまなびあい）と呼んでいます）の授業の学習指導案（略案）のいくつかは、私がこれまでに全国各地で実施してきた出前授業の実践例として、http://taka433ki.jimdo.com に載せてあります。参考にしていただければ幸甚です。

　最後になりましたが、本書の出版に当たっては大学教育出版の佐藤守様に大変お世話になりました。心から感謝申し上げます。

2016年7月

筆者

■著者紹介

三崎　隆　（みさき　たかし）

1958 年新潟県生まれ。

信州大学学術研究院教育学系教授。博士（学校教育学）。

専門は臨床教科教育学、理科教育学。一人も見捨てない教育の実現を目指して、理論と実践の往還を進めている。

主な著書に「『学び合い』入門」、「はじめての人のための理科の授業づくり」（以上、大学教育出版）、「これだけは知っておきたい『学び合い』の基礎・基本」（学事出版）「教師のための『学び合い』コミュニティのつくり方」（北大路書房）「『学び合い』カンタン課題づくり」（学陽書房）等。

はじめての人のための
アクティブ・ラーニングへの近道

2016 年 10 月 20 日　初版第 1 刷発行

- ■著　者───三崎　隆
- ■発 行 者───佐藤　守
- ■発 行 所───株式会社 **大学教育出版**
  〒700-0953　岡山市南区西市 855-4
  電話（086）244-1268　FAX（086）246-0294
- ■印刷製本───サンコー印刷㈱

©Takashi Misaki 2016, Printed in Japan

検印省略　　落丁・乱丁本はお取り替えいたします。

本書のコピー・スキャン・デジタル化等の無断複製は著作権法上での例外を除き禁じられています。本書を代行業者等の第三者に依頼してスキャンやデジタル化することは、たとえ個人や家庭内での利用でも著作権法違反です。

ISBN978－4－86429－407－2